**이은경쌤의 초등 글쓰기 완성 시리즈**

구분	1학년	2학년	3학년	4학년	5학년	6학년	중1
글쓰기 습관				Best! 세줄쓰기 초등 글쓰기의 시작			
	전래동화 바꿔쓰기						
				주제 일기쓰기			
독서 습관		기본 책읽고쓰기					
				심화 책읽고쓰기			
글쓰기 심화		표현글쓰기					
				자유글쓰기			
						생각글쓰기	
논술 대비			왜냐하면 글쓰기				
				기본 교과서논술			
				논술 쓰기			
						심화 교과서논술	
평가 대비				기본 주제 요약하기			
						심화 주제 요약하기	
						수행평가 글쓰기	
영어 글쓰기		영어 한줄쓰기					
				영어 세줄쓰기*			
						영어 일기쓰기*	

별표(*) 표시한 도서는 출간 예정입니다.

 **이은경쌤의 초등 글쓰기 완성 시리즈 교재 선택 가이드**

- 앞장의 가이드맵을 보면서 권장 학년에 맞추거나 목적에 따라 선택하세요.
- 〈책읽고쓰기〉〈교과서논술〉〈주제 요약하기〉처럼 기본편과 심화편으로 구성된 경우에는 기본편과 심화편을 둘 다 해도 되고, 권장 학년에 맞추어 둘 중 하나만 골라서 해도 돼요.

몇 학년이든 모든 글쓰기는 〈세줄쓰기〉로 시작해요

글쓰기 습관이 필요하다면?
〈전래동화 바꿔쓰기〉
〈주제 일기쓰기〉

+

독서 습관이 필요하다면?
〈 기본 책읽고쓰기〉
〈 심화 책읽고쓰기〉

↓

글쓰기 습관과 독서 습관을 모두 갖추었다면?
〈표현글쓰기〉 〈왜냐하면 글쓰기〉 〈자유글쓰기〉 〈생각글쓰기〉

↓

이제 논술과 수행평가를 대비할 차례! 무엇부터 해야 할까요?

논술을 대비하고 싶다면?
〈 기본 교과서논술〉
〈 심화 교과서논술〉
〈논술 쓰기〉

+

수행평가를 대비하고 싶다면?
〈 기본 주제 요약하기〉
〈 심화 주제 요약하기〉
〈수행평가 글쓰기〉

영어도 대비하고 싶다면? 〈영어 한줄쓰기〉 〈영어 세줄쓰기〉* 〈영어 일기쓰기〉*

별표(*) 표시한 도서는 출간 예정입니다.

이은경쌤의
초등 글쓰기 완성 시리즈

기본 3-5학년 권장

교과서논술

주장과 까닭을 쓰며 논술과 친해져요

이은경쌤의
초등 글쓰기 완성 시리즈

기본 3-5학년 권장

교과서논술

주장과 까닭을 쓰며 논술과 친해져요

이은경 지음

상상아카데미

차례

미션 완료 나무 ········ **06**

어서 와요, 작가님! ········ **08**

글 잘 쓰는 비법이 있다고? ········ **10**

그렇다면 논술, 넌 도대체 누구냐? ········ **12**

논술 쓰기 1단계: 논제 파악하기 ········ **14**

논술 쓰기 2단계: 나의 주장 결정하기 ········ **16**

논술 쓰기 3단계: 개요 짜기 ········ **18**

논술 쓰기 4단계: 본문 쓰기 ········ **20**

잘 쓴 논술의 공통점 ········ **22**

교과서논술 순한 맛 주제 50 ········ **24**

찬반토론형 25 ········ **32**

문제해결형 25 ········ **84**

미션 완료 나무

찬반토론형 주제 25개, 문제해결형 주제 25개를 하는 동안, 무려 50개의 주제라는 엄청난 분량의 논술을 쓰게 될 거야. 글을 하나씩 완성할 때마다 번호에 예쁜 색을 칠해서 멋진 나무를 완성해 줄래?

어서 와요, 작가님!

아, 그리고 나는 이렇게 생겼어.

오징어랑 좀 비슷하다고?

와, 너 좀 예리한걸?

안녕!

나는 오늘부터 너와 매일 즐겁게 이야기 나누고 함께 글을 쓰게 될 이은경 선생님이라고 해.

내 이름은 이은경이지만 사실 나의 작가 이름은 따로 있어.

그리고 이 작가 이름은 글쓰기의 주제별로 달라지는데,

이번 『교과서논술 순한 맛』의 작가 이름은 '어젯밤 꿈에 오징어 뜯어 먹은 작가'야.

나는 쫄깃쫄깃한 오징어를 몹시 좋아하거든.

본격적인 글쓰기를 시작하기 전에 우선 너에 대해 알고 싶어.
우리가 서로 잘 알고 친한 사이가 되면
제아무리 어려워 보이는 논술이라도 훨씬 재미있을 것 같아.
지금부터 너에 관해 알려줄래?

이름

작가명

잘하는 것

좋아하는 것

좋아하는 사람

역시, 기대했던 대로야. 멋짐이 철철 흘러넘치는구먼!

자, 그럼 이제부터 우리 함께 50편의 『교과서논술 순한 맛』을 시작해 볼까? 너무 많다고? 그래서 이 '어젯밤 꿈에 오징어 뜯어 먹은 작가'와 함께 쓰자는 거지! 함께 쓰면 끝까지 쓸 수 있거든. 미리부터 겁먹지 않아도 괜찮아. 이것만 끝까지 함께 완성하고 나면 우리는 모두 논술의 달인이 되어 있을 거야.

어서 와요, _____ 작가님!

글 잘 쓰는 비법이 있다고?

너, 솔직히 글 잘 쓰고 싶지? 그렇다면 내가 글 잘 쓰는 비법을 알려줄게.

첫째, 매일 써.

매일 쓰기 귀찮다고? 다른 숙제 하느라 바쁘다고?

알지, 알지, 잘 알지.

그래도 쓰자.

매일 쓰면 잘 쓰게 되거든.

매일 쓰다 보면 굳이 더 잘 쓰려고 노력하지 않아도

저절로 잘 쓰게 된다는 사실을 기억해!

잘 쓰지 못해도, 대충 써도, 조금만 써도 괜찮으니까

우리 오늘부터는 매일 쓰자.

둘째, 매일 읽어.

쓰는 연습을 해야지,
왜 매일 읽냐고?
우리의 뇌는 내가 매일 하는 모든 일을 연결해서 생각하고
서로 영향을 주면서 점점 더 활발하게 움직이면서 똑똑해지게 되거든.
쓰기에 가장 밀접한 영향을 주는 게 바로 읽기야.
매일 읽다 보면 나도 모르게 내가 읽은 글을 흉내 내게 되고,
그러다 보면 잘 쓰게 되는 거야.
책이 너무 지루하다면 신문, 잡지도 괜찮으니까
뭐라도 매일 읽어 보렴.

셋째, 내 글을 자랑해.

자랑하려니까 좀 쑥스럽다고?
오늘 내가 쓴 글은 세상 어디에도 없고
그 누구도 절대 쓸 수 없는 대단한 글이야.
이곳에 쓰는 글은 꽁꽁 숨겨 두지 말고 열심히 자랑해.
자랑하면서 받았던 칭찬의 느낌을 기억하면서 또 쓰는 거야.
자랑하고 싶어서 열심히 쓰다 보면
이전보다 훨씬 나아진 멋진 글을 확인하게 될 거야.

그렇다면 논술, 넌 도대체 누구냐?

혹시 너, 어릴 때 장난감 코너에 드러누워서 떼를 부리고 울다가 부모님 손에 질질 끌려 간신히 돌아온 적 있니? 소리를 지르거나, 울거나, 장난감을 끌어안고 한 발짝도 움직이지 않았을 거야. 장난감을 갖고 싶은 마음을 표현하는 방식이었을 테니까. 그날, 장난감 코너에 드러누운 너의 마음을 논리와 예를 겸비한 글로 표현하자면 아마 이럴 거야.

'어머니, 그동안 저를 낳고 키우시느라 얼마나 고생이 많으셨습니까. 늘 따뜻하게 품어주시는 어머니의 은혜에 감사하는 마음입니다. 오늘 오랜만에 큰 마트에 들러 진열된 여러 가지 장난감들을 보고 있자니 만감이 교차합니다. 못 보던 신상도 눈에 띄고, 집에 있는 것이지만 색감과 디자인이 상당히 달라져 완전히 다른 것처럼 보이기도 합니다. 집에는 이미 넘칠 만큼 많은 장난감이 있다는 걸 저도 알고 있지만, 조금 더 업그레이드된 것으로 하나 더 사주시면 정말 감사하겠습니다. 부디 넓은 마음으로 허락해주시기를 기다리겠습니다.'

이런 마음이었던 거, 맞지? 다만 표현하는 방식이 서툴렀을 뿐!

이런 식으로 흐름에 따라 논리적으로 생각하고 설득하는 과정을 말로 표현하면 토론이고, 글로 쓰면 논술이 되는 거야. 말과 글은 생각이라는 뿌리에서 출발한다는 점에서 매우 긴밀해. 토론이 먼저냐, 논술이 먼저냐를 따지기보다 중요한 건, 일상에서 생각하는 힘을 키워가고 있느냐이지. 사람에 따라 말이 먼저 터지기도 하고 글이 앞서기도 하니까.

논술은 글을 잘 쓰냐의 문제라기보다 논리적으로 생각할 수 있느냐가 더욱 주요한 관건이 돼. 논리적으로 생각할 수 있다면 그 생각을 글로 잘 풀어내는 것은 이후의 연습으로 보충할 수 있는 부분이기 때문에 지금 완성하지 않아도 괜찮아.

너에게 지금 필요한 일은 잘 쓴 논술 한 편이 아니라 생각하는 근육을 만드는 일이라는 걸 잊지 마.

논술 쓰기 1단계: 논제 파악하기

　동물원에 사는 동물들의 삶에 관해 생각해 본 적 있어? 동물들은 원래 살던 자연과는 날씨도, 환경도 전혀 다른 대한민국의 동물원으로 와서 매일 우리 속에 갇혀 살고 있어. 사냥해서 먹던 습성도 잊은 채 사육사가 주는 먹이를 먹으며 낯선 환경에 적응하여 살거나 힘들어하거나 하면서 말이지.

　이렇게 사람들을 위해 많은 동물을 먼 곳까지 데리고 와서 사육하는 것은 과연 바람직한 행동일까?

　지금 내가 해준 이야기와 질문을 들으면서 너는 새로운 사실을 알게 되거나 새로운 생각을 깨닫게 되면서 질문에 관한 답을 떠올려봤을 거야. 예를 들면 이런 거지.

　'나는 펭귄을 만나기 위해 동물원에 자주 가곤 했었는데, 펭귄은 그곳에서의 삶이 행복하지만은 않았을 수도 있겠구나. 펭귄을 다시 북극으로 돌려보내야 할까? 그런데 펭귄이 북극으로 돌아가면 그곳에서 다시 건강하게 적응하여 살 수는 있는 걸까? 돌려보내는 것이 최선일까?'

이렇게 논술을 쓰기 전에 주어지는 생각할 만한 문제를 '논제'라고 해. 우리가 작성하기로 한 '논술의 주제'라는 의미도 담고 있지.

오늘 생각해 볼 문제는 무엇인지, 어떤 것에 관한 것인지, 내가 모르고 있었던 사실은 없는지, 이 문제는 찬성과 반대 중 선택의 여지가 있는지 등등을 하나씩 살펴보는 과정 말이야. 그러니까 '무엇에 관한 찬성과 반대인지'를 살펴보는 과정이 바로 논술문 작성의 1단계인 '논제 파악하기'야.

논제를 제대로 파악하기 위해서는 제시된 글을 찬찬히 읽고, 중요한 부분에는 밑줄을 쳐 보는 습관이 도움이 돼.

또, 한번 읽고 이해되지 않는다면 반복해서 읽으면서 무엇을 묻는 말인지 알아내기 위해 노력해 보기로 하자!

논술 쓰기 2단계: 나의 주장 결정하기

논술 작성법 2단계인 '나의 주장 결정하기'야. 이 단계는 제시문에서 묻는 질문에 하나의 입장, 혹은 나의 입장을 선택하여 결정하는 단계야.

 찬반토론형

찬성과 반대 중 한 쪽을 결정하고 그 이유를 제시하는 방식

제시된 지문에 대해 찬성하는지 반대하는지를 묻는 논술이야. 찬성할 수도, 반대할 수도 있어. 정답은 없거든. 어디까지나 네 생각을 기반으로 한 주장을 결정하는 게 전부야. 찬성과 반대 중 어느 것을 선택해도 그건 아무 상관이 없어. 이 경우의 핵심은 '왜 그렇게 생각했느냐'이기 때문이지.

때로 마음이 갈팡질팡하여 어느 한쪽으로 확정하지 못해서 '찬성하긴 하지만 이런 면에서는 반대한다.'라고 모호한 주장을 펼치는 경우가 있어. 솔직한 생각을 쓴 건 맞지만, 이런 모호한 주장은 논술에서는 오히려 해가 될 수 있어. 그러니 조금 더 마음이 기우는 쪽으로 확실히 결정하는 연습을 해야 해. 짜장면과 짬뽕을 동시에 모두 먹어 치울 수 없는 것처럼 말이야.

 ## 문제해결형

제시된 문제 상황을 해결하려는 방법을 제시하는 방식

많은 선택지 중 한 가지를 결정하여 제시한 뒤에도 왜 그것을 선택했는지, 혹은 그것을 해결할 방법에는 무엇이 있는지를 본론에서 뒷받침하는 형식의 논술이야.

예를 들어, 우리 반이 가진 문제점을 제시하고, 그것을 해결하기 위해 어떤 실천 과제가 필요한지에 관한 논제가 제시될 수 있어. 찬성이냐, 반대냐를 묻지 않지만 내 주장을 확실히 결정하고 구체적인 실천 방법을 제시해야만 하는 논술의 전형적인 유형이야.

이 경우의 핵심은 '논제에서 제시된 문제점을 제대로 파악했느냐?', '현실적이고 실천 가능한 해결 방법을 제시했느냐?'야. 물론, 정답은 정해져 있지 않아.

네 기준에서 생각할 때 가장 큰 문제라고 생각되는 것을 제시하면 되니까 부담은 갖지 말라고!

또, 반드시 누구나 동의할 만한 모범적인 해결책을 찾는 것도 중요하지만, 나만의 창의력을 뽐낼 수 있는 신선한 아이디어를 내놓아 보는 것도 좋은 논술을 쓰는 방법이 될 수 있어.

논술 쓰기 3단계: 개요 짜기

논술 쓰기의 핵심인 '개요 짜기'에 관해 알아볼까? '개요'라고 하니까 괜히 좀 어려울 것 같은 느낌이 들지? 하지만 생각보다 훨씬 간단하고 명료해. 개요 짜기는 3단계만 기억하면 되거든. 처음-가운데-끝. 간단하지? 조금 어려워 보이는 말로는 서론-본론-결론이라고 부르기도 해. 이 세 가지의 단계를 하나씩 살펴볼게.

처음 (서론)

포함되어야 할 내용
- 이 글을 쓰게 된 배경, 이유, 고민 밝히기
- 주제에 따른 경험, 사실, 간단한 정보 나누기
- 나의 주장을 뚜렷하게 드러내기 (문제 제기)

포함되어야 할 내용
- 주장을 자세히 설명하기
- 주장을 뒷받침하는 근거 들어 설명하기

가운데 (본론)

여기에서는 위의 형식을 참고하여 본론에 해당하는 내용을 미리 적어 본 뒤에 본문을 쓰면 글의 완성도가 훨씬 높아질 거야. 개요 짜기의 과정이 익숙해지면, 굳이 손으로 적을 필요 없이 머릿속에서 정리하여 바로 본론으로 들어가기도 하지만 성급하게 진행할 필요는 전혀 없어. 제대로 잡아놓은 개요만 있으면 본문을 쓸 때 심리적으로 무척 안정되거든. 그래서 개요를 짜느라 시간을 할애했음에도 오히려 본문 작성을 빠르고 수월하게 마치게 돼. 정해놓은 틀에 본문이라는 살을 붙이기만 하면 되기 때문에 분량, 시간을 조절하기도 쉽고 말이야.

포함되어야 할 내용

- 앞서 주장한 내용을 다시 정리하고 마무리하기
- 주장에 근거한 실천 방법 소개하기

끝
(결론)

논술 쓰기 4단계: 본문 쓰기

드디어 논술 쓰기의 마지막 단계인 '본문 쓰기'야.
개요를 다 짰다면 본문 쓰기는 식은 죽 먹기일 테니 걱정은 금물!

논술은 그 자체로 부담이 상당한 글쓰기인 탓에 도입부인 서론부터 꽉 막히는 느낌이 드는 게 보통이야. 그래서 서론에 담을 내용을 공식처럼 기억하고 있으면, 공식대로 적는 것으로 논술의 공포를 극복할 수 있어.

서론: 논제에 대한 나의 주장 밝히기

논술 전체를 이끌어갈 나의 주장을 뚜렷하게 드러내는 것이 서론의 역할이야. 주장에 대한 근거는 본론에서 자세히 설명하면 되니 그냥 남겨 두고, 주장에 관해서 만큼은 서론에서 확실하게 표현해야 해.

본론은 생각보다 간단해. 이미 서론에서 내 의견을 주장한 상태이기 때문에 그를 뒷받침할 근거를 풀어 설명하면 되는 거거든.

본론: 내 주장을 뒷받침해주는 논리적인 근거 세 가지 들기

세 가지의 근거를 들기가 버겁다면 두 가지도 괜찮아. 반복되는 내용이나 억지스러운 근거로 세 가지를 끼워 맞출 필요는 없으니까.

결론

본론에서 했던 주장과 근거를 간략하게 정리하는 단계야. 결론에 와서 갑작스럽게 반론을 제기하거나 논리적인 흐름을 깨는 사례를 들지만 않는다면 무난하게 마무리할 수 있어.

결론: 나의 주장과 근거 세 가지 정리하기

단순 정리와 마무리만으로는 허전함이 느껴지거나 분량이 조금 더 필요하다면 어떻게 하면 좋을까? 본론에서의 주장을 실천으로 옮길 방법, 새로운 내용의 제안 등을 한두 가지 정도 소개하면 좋아.

예를 들어, 일회용품을 매장 내에서 사용하지 못하도록 하는 정책에 관해 반대하는 주장을 펼치고 그 근거를 들어 설명했다면,

결론에서는 나의 주장으로 인해 발생할 수 있는 불편함을 대비하는 좋은 아이디어를 제시하는 거지.

잘 쓴 논술의 공통점

논술은 사실 그 어느 글보다 유난히 점수, 성적과 관련성이 높다 보니 쓰긴 쓰지만 '잘' 쓰기 위한 노력도 필요해. 그래서 일반적으로 잘 썼다고 평가받는 논술의 특징을 몇 가지 정리해 봤어. 잘 쓴 글의 주요 특징을 아는 상태에서 논술을 꾸준히 쓰다 보면 네 글이 잘 쓴 논술과 얼핏 비슷해지는 날이 오는 법이지!

1. 뚜렷한 주장

잘 쓴 논술의 기본은 뚜렷한 주장이야. 뚜렷한 주장은 기본이고, 당연하고, 어렵지 않은 일인데, 이 기본이 지켜지지 않는 경우가 많아. 논술의 문장에는 중심이 되는 기둥인 주제가 필요한데 말이야. 무엇을 쓸 것인지 확실하게 정한 다음에 시작하지 않으면, 도중에 이러지도 저러지도 못하여 쩔쩔매게 돼. 간신히 쓸 수 있다 하더라도 전체적으로는 무엇을 전달하려고 한 것인지 드러나지 않는 모호한 문장이 되어 버리기도 하고 말이야. 그래서 논술은 생각한 뒤에 쓰기 시작하는 것이 매우 중요해.

2. 주장과 근거가 논리적으로 같은 편

논술의 핵심은 논리야. 주장과 근거가 논리적으로 같은 편인 글을 써야 하지. 아무리 주장이 뚜렷한 글도 엉뚱한 근거를 갖다 붙이거나 반대 의견에 해당하는 근거를 들어 설명하면 논지가 흐려질 수밖에 없어.

주장에 대한 본격적인 근거를 들어 설명하는 부분이 본론이야. 보통 세 가지 정도의 근거를 들어 설명하는 게 제일 좋아. 논술은 일정 수준의 분량을 써내는 것도 평가의 기준이 되기 때문에 근거를 세 가지로 잡는 경우가 많아. 만약, 아무리 생각해도 두 가지의 근거가 전부라면 그 정도도 괜찮아. 억지스러운 세 번째 근거는 없는 게 낫거든.

3. 친근하고 창의적인 내용

힘을 빼야 멋진 논술이 나온다는 사실, 알고 있니? 사실, 논술을 쓰다 보면 괜히 논술이라고 해서 잔뜩 힘을 주는 경우가 많아. 일부러 어려운 한자어를 사용하고, 책에서 베낀 듯한 그럴듯한 문장을 옮겨 놓고, 공감하기 어려운 거창한 주장과 근거를 늘어놓는 것 말이야.

누가 너에게 네 생각을 물어봤을 때 대답하는 것처럼 쉽게 써 보기를 권하고 싶어. 또, 누구나 생각해낼 법한 틀에 박힌 이유를 대기보다는 조금 더 새롭고 창의적인 이유도 환영이야. 읽는 사람의 시선을 잡아끌 만한 신선한 근거와 생활 밀착형 사례를 넣어보는 연습이 필요해.

그러기 위해서는 평소에 틀을 깨고, 엉뚱해 보이기도 하는 제한 없는 소재의 대화가 도움이 돼. 그래서 우리가 <세줄쓰기>, <표현글쓰기> 등으로 준비 운동을 했던 거라고!

교과서논술 순한 맛 주제 50

I. 찬반토론형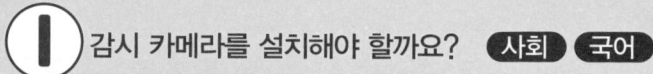

① 감시 카메라를 설치해야 할까요? `사회` `국어`

② 친구의 거짓말을 선생님께 말씀드려야 할까요? `국어` `도덕`

③ 쉬는 시간에 만화책을 봐도 될까요? `국어` `도덕`

④ 외래어 순우리말로 바꿔 사용해야 할까요? `국어` `사회`

⑤ 김치를 꼭 먹어야 할까요? `도덕` `사회`

⑥ 집에 두고 온 실내화를 가져와야 할까요? `도덕` `국어`

⑦ 초등학생은 규칙적으로 용돈을 받아야 할까요? `국어` `사회`

⑧ 길에서 주운 돈을 주인에게 돌려줘야 할까요? `국어` `도덕`

⑨ 북한에 어려움이 생기면 도와야 할까요? `도덕` `사회`

⑩ 아픈 날에도 꾹 참고 공부해야 할까요? `국어` `도덕`

⑪ 도시에서 사는 것이 더 좋을까요? `사회` `도덕`

⑫ 적은 용돈으로 어려운 이웃을 도와야 할까요? `도덕` `사회`

⑬ 세뱃돈은 내가 모두 가져야 할까요? `국어` `사회`

장애 친구에게 급식 우선권을 주어야 할까요? `사회` `도덕` ⑭

신조어와 줄임말 사용을 금지해야 할까요? `국어` `도덕` ⑮

친구의 이름 대신 별명을 불러도 될까요? `국어` `도덕` ⑯

공공 기관은 반드시 필요한 곳인가요? `사회` `도덕` ⑰

어른께는 반드시 존댓말을 써야 할까요? `도덕` `국어` ⑱

내면의 아름다움이 더 중요할까요? `도덕` `사회` ⑲

학생의 집안일을 해야 할까요? `사회` `도덕` ⑳

품질이 떨어지지만, 더 저렴한 것을 사야 할까요? `사회` `도덕` ㉑

식판에 받은 반찬은 남김없이 먹어야 할까요? `국어` `사회` ㉒

책은 반드시 바른 자세로 앉아서 읽어야 할까요? `국어` `사회` ㉓

초등학생은 꼭 연필을 사용해야 할까요? `도덕` `국어` ㉔

결혼은 꼭 해야 할까요? `사회` `도덕` ㉕

예시

01 감시 카메라를 설치해야 할까요?

관련 단원: 초등 사회 3-1 | 3. 지역의 공공 기관과 주민 참여
초등 국어 4-1 | 2. 생각과 느낌을 나누어요

1단계 생각해 볼까요?

생활 쓰레기는 지역 사회의 큰 문제 중 하나예요. 그중에서도 지정된 장소가 아닌 곳에 쓰레기를 몰래 버리는 사람들이 늘어나는 것은 심각한 문제이지요. 비양심적인 사람들 때문에 거리가 지저분해지고, 주민들의 불편함이 커지고 있거든요.

이런 문제를 없애려는 목적으로 감시 카메라를 설치하는 경우가 있어요. 그러나 감시 카메라가 버젓이 있어도 쓰레기를 버리는 사람들은 줄어들 기미가 보이지 않는다고 해요. 이 문제를 해결하기 위해 감시 카메라를 계속 설치할 필요가 있을까요?

2단계 관련 지식을 살펴 볼까요?

관련 기사

관련 영상

3단계 나의 주장을 결정해 볼까요?

감시 카메라를 설치해야 **한다.** 찬성

반대 감시 카메라를 설치할 필요가 **없다.**

34

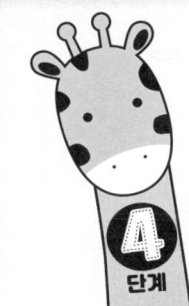

4단계 위와 같이 결정한 까닭을 세 가지로 정리해 볼까요?

① 감시 카메라를 설치하는 모든 비용은 세금이기 때문에

② 어차피 카메라가 없는 곳에 몰래 버리고 도망갈 수도 있기 때문에

③ 시민들의 사생활과 초상권을 보호해야 하기 때문에

5단계 주장과 까닭을 논리적으로 써 볼까요?

서론 아무 데나 쓰레기를 버리는 사람을 감시하려고 감시 카메라를 설치하고 있습니다. 저는 이러한 감시 카메라 설치에 찬성 / **반대** 합니다.

본론 제가 이렇게 주장하는 이유는 다음과 같습니다.

첫째 감시 카메라를 설치하기 위해서는 비용이 발생하는데, 이 비용은 결국 국민이 낸 세금을 써야 합니다. 쓰레기 때문에 세금을 낭비하면 안 된다고 생각합니다.

둘째 카메라를 설치하는 곳은 깨끗하게 유지되지만 카메라가 없는 곳에는 오히려 더 많은 쓰레기가 쌓여 골칫거리가 될 수 있기 때문입니다.

셋째 마을을 오가는 주민들이 나도 모르게 감시 카메라에 얼굴이 찍히게 되는데, 이것은 주민들의 사생활과 초상권을 침해하는 행위에 해당하기 때문입니다.

결론 위와 같은 이유로 감시 카메라를 설치하는 것에 찬성 / **반대** 합니다.

2. 문제해결형

㉖ 교실 안에서 낭비를 줄이는 방법은? `국어` `도덕`

㉗ 무례한 고객을 줄이는 방법은? `국어` `도덕`

㉘ 자신과의 약속을 지키기 위한 방법은? `국어` `도덕`

㉙ 교실을 깨끗하게 유지하기 위한 방법은? `국어` `도덕`

㉚ 층간 소음을 줄이는 방법은? `과학` `도덕`

㉛ 온라인 대화의 문제를 줄이는 방법은? `국어` `도덕`

㉜ 한글을 바르게 사용하기 위한 방법은? `국어` `사회`

㉝ 같은 반 친구끼리 다투지 않는 방법은? `도덕` `국어`

㉞ 도서관을 조용히 유지하는 방법은? `국어` `도덕`

㉟ 친구들이 지각하지 않도록 하는 방법은? `국어` `도덕`

㊱ 가족의 행복을 위해 우리 집에 필요한 규칙은? `사회` `도덕`

㊲ 소중한 문화재를 보호하기 위한 방법은? `국어` `사회`

㊳ 공기를 깨끗하게 지키기 위한 방법은? `과학` `국어`

욕설 사용을 줄이기 위한 방법은?	국어 도덕	㊴
모범이 되는 친구에게 어울리는 보상은?	도덕 국어	㊵
학급의 의견을 하나로 모으기 위한 방법은?	사회 국어	㊶
다문화 친구들이 우리 반에 잘 적응할 방법은?	도덕 사회	㊷
점심시간 음식물 쓰레기를 줄이기 위한 방법은?	국어 사회	㊸
점심시간에 급식 순서를 정하는 방법은?	국어 도덕	㊹
우리 반에서 일회용품 사용을 줄일 방법은?	국어 사회	㊺
용돈을 바르게 잘 쓰는 방법은?	사회 도덕	㊻
스마트폰에 중독되지 않는 방법은?	사회 국어	㊼
건강을 지키기 위해 실천할 방법은?	체육 도덕	㊽
우리 반에서 분실물을 줄일 방법은?	사회 도덕	㊾
현장학습 가는 버스에서 자리를 정하는 방법은?	국어 도덕	㊿

예시 26

관련 단원: 초등 국어 4-2 | 5. 의견이 드러나게 글을 써요
초등 도덕 3 | 4. 아껴 쓰는 우리

교실 안에서 낭비를 줄이는 방법은?

1단계 생각해 볼까요?

낭비란, 시간이나 재물 등을 아끼지 않고 함부로 쓰는 것을 말해요. 시간, 전기, 물, 휴지, 음식, 종이 등 우리가 낭비하고 있는 것은 셀 수 없이 많아요. 이런 낭비를 줄이면 시간의 여유를 얻을 수 있고, 돈도 절약할 수 있으며, 환경도 지킬 수 있답니다.

우리가 공부하는 교실에서도 낭비되는 것이 있어요. 교실 안에서 가장 심하게 낭비되는 것을 한 가지 고르고, 그것의 낭비를 막기 위한 방법 세 가지를 찾아 보세요.

2단계 관련 지식을 살펴 볼까요?

관련 기사

관련 영상

3단계 해결해야 할 문제는 무엇인가요?

교실에서 낭비되는 종이가 너무 많아서 아끼는 노력이 필요하다.

4단계 — 문제를 해결하기 위한 방법을 세 가지 찾아볼까요?

1. 학습지를 풀고 나면 종이 뒷면을 그림 그릴 때 사용하기
2. 책상을 닦을 때 물티슈를 한 장만 사용하기
3. 종이 접기했던 색종이는 잘 펴서 분리수거함에 버리기

5단계 — 문제 해결 방법을 논리적으로 정리해 볼까요?

서론) 우리가 지내는 교실에서 낭비되는 것이 많습니다. 이 중에서도 가장 낭비가 심한 것은 ⟨종이⟩ 이며, 이 낭비를 줄여야 합니다.

본론) 교실 안에서 낭비를 줄이는 방법은 다음과 같습니다.

첫째 선생님께서 나누어주신 학습지를 풀고 나면 종이 뒷면을 다시 사용할 수 있습니다.

이것을 친구들과 빙고 게임을 하거나 그림 그릴 때 다시 사용하면 됩니다.

둘째 미술 시간, 점심시간 후에 책상을 정리할 때 물티슈를 두세 장씩 팍팍 꺼내어 낭비하기도 하는데, 이럴 때 한 장만 사용해도 됩니다.

셋째 색종이로 종이 접기를 하고 나면 마음에 들지 않는다고 찢어버리는 경우가 있는데, 아무리 마음에 들지 않아도 잘 펴서 버리면 재활용할 수 있습니다.

결론) 이 세 가지 방법을 통해 문제를 해결할 수 있을 거라 생각합니다.

I. 찬반토론형

25

여기, 교과서에서 본 적이 있었던
재미있고 쉬운 찬반토론형 논술 주제 25개가 있어.
1번부터 쓰는 거냐고? 아니!
오늘 쓸 논술의 주제는
날마다 내 마음대로 고르면 되는 거야.
주제를 고를 때는
오늘 나에게 있었던 일과 관련된 주제,
쓸 거리가 있을 것 같은 주제,
관심이 가는 주제,
오랫동안 고민하지 않아도 슬슬 쓸 수 있을 것 같은
만만한 주제부터 선택하면 된다는 거
잊지 마!
자, 그럼 어디 한번 시작해 볼까?

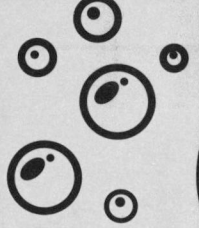

찬반토론형

관련 단원: 초등 사회 3-1 | 3. 지역의 공공 기관과 주민 참여
초등 국어 4-1 | 2. 생각과 느낌을 나누어요

감시 카메라를 설치해야 할까요?

1단계 생각해 볼까요?

생활 쓰레기는 지역 사회의 큰 문제 중 하나예요. 그중에서도 지정된 장소가 아닌 곳에 쓰레기를 몰래 버리는 사람들이 늘어나는 것은 심각한 문제이지요. 비양심적인 사람들 때문에 거리가 지저분해지고, 주민들의 불편함이 커지고 있거든요.

이런 문제를 없애려는 목적으로 감시 카메라를 설치하는 경우가 있어요. 그러나 감시 카메라가 버젓이 있어도 쓰레기를 버리는 사람들은 줄어들 기미가 보이지 않는다고 해요. 이 문제를 해결하기 위해 감시 카메라를 계속 설치할 필요가 있을까요?

2단계 관련 지식을 살펴 볼까요?

3단계 나의 주장을 결정해 볼까요?

감시 카메라를 설치해야 **한다.** (찬성)

감시 카메라를 설치할 필요가 **없다.** (반대)

4단계 위와 같이 결정한 까닭을 세 가지로 정리해 볼까요?

1.
2.
3.

5단계 주장과 까닭을 논리적으로 써 볼까요?

서론 아무 데나 쓰레기를 버리는 사람을 감시하려고 감시 카메라를 설치하고 있습니다. 저는 이러한 감시 카메라 설치에 **찬성 / 반대** 합니다.

본론 제가 이렇게 주장하는 이유는 다음과 같습니다.

결론 위와 같은 이유로 감시 카메라를 설치하는 것에 **찬성 / 반대** 합니다.

관련 단원: 초등 국어 3-1 | 8. 의견이 있어요
초등 도덕 4 | 3. 아름다운 사람이 되는 길

02 친구의 거짓말을 선생님께 말씀드려야 할까요?

1단계 생각해 볼까요?

사실이 아닌 것을 사실인 것처럼 말하는 것을 거짓말이라고 해요. 속된 말로는 '뻥', '구라'라고도 하지요. 여러분은 거짓말을 해 본 적 있나요? 언제 거짓말을 하게 되었나요?

어린이 대부분은 사실대로 말했을 때 친구들에게 놀림을 당하거나, 비난을 받거나, 선생님이나 부모님께 혼이 날까 두려워서 거짓말을 한다고 해요.

만약 여러분이 우리 반 친구가 거짓말한 것을 알게 되었다면 어떻게 해야 할까요? 선생님께 사실대로 말씀드려야 할까요? 아니면 친구의 비밀을 지켜줘야 할까요?

2단계 관련 지식을 살펴 볼까요?

관련 기사

관련 영상

3단계 나의 주장을 결정해 볼까요?

선생님께 사실대로 **말씀드려야 한다.**

찬성 / 반대

친구의 **비밀을 지켜 주어야** 한다.

4단계 위와 같이 결정한 까닭을 세 가지로 정리해 볼까요?

1.
2.
3.

5단계 주장과 까닭을 논리적으로 써 볼까요?

서론 거짓말은 사실이 아닌 것을 사실인 것처럼 말하는 것입니다. 저는 친구의 거짓말을 알게 되었을 때 선생님께 말씀드리는 것에 **찬성 / 반대** 합니다.

본론 제가 이렇게 주장하는 이유는 다음과 같습니다.

 첫째

 둘째

 셋째

결론 위와 같은 이유로 친구의 거짓말을 선생님께 말씀드리는 것에 **찬성 / 반대** 합니다.

쉬는 시간에 만화책을 봐도 될까요?

관련 단원
- 초등 국어 4-2 | 5. 의견이 드러나게 글을 써요
- 초등 도덕 4 | 3. 아름다운 사람이 되는 길

1단계 생각해 볼까요?

만화란, 어떤 이야기를 재미있는 그림과 간결한 대화로 나타낸 것을 말해요. 흥미 중심의 만화도 있지만, 딱딱한 학습 내용을 쉽고 재미있게 이해하도록 표현한 학습 만화도 큰 인기를 끌고 있지요. 우리는 만화책을 읽으면서 새로운 지식을 배울 수도 있고, 즐거운 시간을 보낼 수도 있어요.

하지만 만화책을 보는 건 공부에 도움이 되지 않고 나쁜 말이나 생각을 배운다고 하여 반대하는 어른들이 많아요. 이런 만화책을 학교에서 읽는 것은 어떨까요? 학교에서 쉬는 시간에 만화책을 봐도 될까요?

2단계 관련 지식을 살펴 볼까요?

관련 기사

관련 영상

3단계 나의 주장을 결정해 볼까요?

찬성 만화책을 학교에서 쉬는 시간에 봐도 된다.

반대 만화책은 집에서만 봐야 한다.

4단계 위와 같이 결정한 까닭을 세 가지로 정리해 볼까요?

1. _____
2. _____
3. _____

5단계 주장과 까닭을 논리적으로 써 볼까요?

서론 만화책은 새로운 지식과 즐거움을 주지만, 공부에 방해가 되기도 합니다.
저는 이러한 만화책을 학교 쉬는 시간에 읽는 것에 **찬성 / 반대** 합니다.

본론 제가 이렇게 주장하는 이유는 다음과 같습니다.

첫째▶ _____

둘째▶ _____

셋째▶ _____

결론 위와 같은 이유로 학교에서 쉬는 시간에 만화책을 읽는 것에
찬성 / 반대 합니다.

관련 단원: 초등 국어 4-2 | 9. 자랑스러운 한글
초등 사회 4-1 | 2. 우리가 알아보는 지역의 역사

04. 외래어를 순우리말로 바꿔 사용해야 할까요?

1단계 생각해 볼까요?

'버스', '아이스크림', '컴퓨터', '볼펜'. 이 낱말은 우리가 일상생활에서 자주 쓰는 외래어에요. 외래어란, 외국에서 들어온 말로 국어에서 널리 쓰이는 낱말이에요.

처음부터 우리말이었던 말은 무엇이라 부를까요? '순우리말'이라고 해요. 예를 들어, '하늘', '여름', '엄마'와 같은 낱말이 순우리말이에요. 어떤 사람들은 외래어를 순우리말로 바꾸어 사용해야 한다고 말해요.

여러분의 생각은 어떤가요? 외래어를 순우리말로 바꾸어 사용해야 할까요? 아니면 외래어를 지금처럼 있는 그대로 사용해도 괜찮을까요?

2단계  관련 지식을 살펴 볼까요?

 관련 기사

 관련 영상

3단계  나의 주장을 결정해 볼까요?

외래어를 순우리말로 **바꾸어 사용해야** 한다.

외래어를 **그대로 사용해도** 된다.

4단계 위와 같이 결정한 까닭을 세 가지로 정리해 볼까요?

① _____

② _____

③ _____

5단계 주장과 까닭을 논리적으로 써 볼까요?

서론 외래어를 순우리말로 바꾸어 사용해야 한다는 의견이 있습니다. 저는 이러한 의견에 **찬성 / 반대** 합니다.

본론 제가 이렇게 주장하는 이유는 다음과 같습니다.

첫째
_____
_____

둘째
_____
_____

셋째
_____
_____

결론 위와 같은 이유로 외래어를 순우리말로 바꾸어 사용해야 한다는 의견에 **찬성 / 반대** 합니다.

41

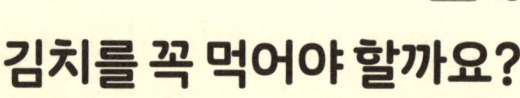

05 김치를 꼭 먹어야 할까요?

관련 단원
초등 도덕 4 | 6. 함께 꿈꾸는 무지개 세상
초등 사회 3-2 | 1. 환경에 따라 다른 삶의 모습

1단계 생각해 볼까요?

김치는 우리나라를 대표하는 전통 음식이에요. 배추김치, 갓김치, 백김치, 총각김치, 파김치 등 그 종류도 다양하지요. 김치는 대표적인 발효식품으로, 나쁜 균의 성장을 막아주고, 피로회복에 도움을 주며, 피부가 늙는 것을 방지해 주는 등 건강에도 좋아요.

그러나 김치를 싫어하는 친구들도 있어요. 냄새에 예민하거나 매운맛과 신맛이 자극적으로 느껴지기 때문이라고 해요. 우리는 김치를 꼭 먹어야 할까요? 아니면 김치를 꼭 먹지 않아도 될까요?

2단계 관련 지식을 살펴 볼까요?

관련 기사

관련 영상

3단계 나의 주장을 결정해 볼까요?

김치를 꼭 먹어야 **한다.** 　찬성　　반대　 김치는 꼭 먹지 **않아도 된다.**

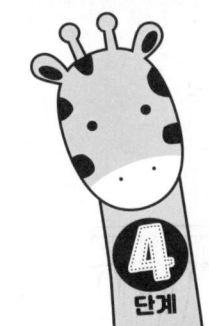

4단계 위와 같이 결정한 까닭을 세 가지로 정리해 볼까요?

1. ....
2. ....
3. ....

5단계 주장과 까닭을 논리적으로 써 볼까요?

서론 우리나라를 대표하는 전통 음식인 김치는 종류도 다양하고 건강에도 좋습니다. 저는 김치를 꼭 먹어야 한다는 의견에 **찬성 / 반대** 합니다.

본론 제가 이렇게 주장하는 이유는 다음과 같습니다.

첫째
....
....

둘째
....
....

셋째
....
....

결론 위와 같은 이유로 김치를 꼭 먹어야 한다는 의견에 **찬성 / 반대** 합니다.

43

찬반토론형

관련 단원: 초등 도덕 3 | 5. 함께 지키는 행복한 세상
초등 국어 4-2 | 5. 의견이 드러나게 글을 써요

집에 두고 온 실내화를 가져와야 할까요?

1단계 생각해 볼까요?

여러분이 학교에서 주로 신는 실내화는 미끄럼 방지가 되고 가벼운 것이 특징이에요. 학교에서 여러분이 실내화를 신도록 하는 이유는 실내화가 발을 보호하고, 미끄러져 넘어지지 않도록 하며, 교실과 복도를 깨끗하게 유지하는 데에 도움을 주기 때문이지요.

만약 여러분이 학교에 도착해서야 집에서 실내화를 가져오지 않았다는 것을 알았다고 상상해 볼까요? 이런 경우에는 어떻게 해야 할까요? 지각을 하더라도 실내화를 가지러 집에 다녀와야 할까요? 아니면 안전과 청결을 포기하고, 예정대로 교실로 가야 할까요?

2단계 관련 지식을 살펴 볼까요?

관련 기사

관련 영상

3단계 나의 주장을 결정해 볼까요?

실내화를 가지러 **집에 다녀와야 한다.** 〔찬성〕

〔반대〕 예정대로 **교실로 가야 한다.**

위와 같이 결정한 까닭을 세 가지로 정리해 볼까요?

1.
2.
3.

주장과 까닭을 논리적으로 써 볼까요?

서론 학교에서는 실내화를 신습니다. 실내화를 집에 두고 왔을 때 지각을 하더라도 실내화를 가지러 집에 다녀오는 것에 **찬성 / 반대** 합니다.

본론 제가 이렇게 주장하는 이유는 다음과 같습니다.

결론 위와 같은 이유로 실내화를 가지러 집에 다녀오는 것에 **찬성 / 반대** 합니다.

관련 단원 | 초등 국어 4-2 | 5. 의견이 드러나게 글을 써요
관련 단원 | 초등 사회 2 | 2. 필요한 것의 생산과 교환

초등학생은 규칙적으로 용돈을 받아야 할까요?

1단계 생각해 볼까요?

여러분은 부모님께 용돈을 받은 적 있나요? 받은 용돈을 어떻게 썼나요? 어떤 친구는 용돈을 받자마자 바로 먹고 싶었던 것에 용돈을 다 써버려요. 또 어떤 친구는 갖고 싶은 물건을 사려고 당장 먹고 싶은 마음을 참아가면서 용돈을 모으지요. 용돈을 주시는 부모님들은 여러분이 용돈을 쓰면서 돈의 소중함을 알고, 돈을 어디에 어떻게 쓰면 좋은지 배우기를 바라실 거예요.

주변에 매주 또는 매월 규칙적으로 용돈을 받는 친구도 있고, 필요할 때만 용돈을 받는 친구도 있어요. 여러분의 생각은 어떤가요? 초등학생은 규칙적으로 용돈을 받아야 할까요? 아니면 필요할 때만 용돈을 받아야 할까요?

2단계 관련 지식을 살펴 볼까요?

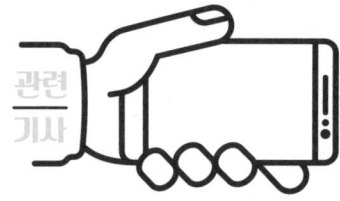 관련 기사

 관련 영상

3단계 나의 주장을 결정해 볼까요?

초등학생은 **규칙적으로** 용돈을 받아야 한다. 찬성

초등학생은 **필요할 때만** 용돈을 받아야 한다. 반대

위와 같이 결정한 까닭을 세 가지로 정리해 볼까요?

1.
2.
3.

주장과 까닭을 논리적으로 써 볼까요?

 규칙적인 용돈 받기는 돈을 어떻게 써야 하는지 배우는 데 도움을 줍니다.
저는 규칙적으로 용돈을 받는 것에 **찬성 / 반대** 합니다.

본 론 제가 이렇게 주장하는 이유는 다음과 같습니다.

결 론 위와 같은 이유로 규칙적으로 용돈을 받는 것에 **찬성 / 반대** 합니다.

찬반토론형 08

관련 단원
초등 국어 4-2 | 5. 의견이 드러나게 글을 써요
초등 도덕 3 | 5. 함께 지키는 아름다운 세상

길에서 주운 돈을 주인에게 돌려줘야 할까요?

1단계 생각해 볼까요?

길에 떨어진 돈은 누군가가 실수로 떨어뜨려 잃어버린 돈이에요. 만약 누군가가 큰돈을 잃어버렸다면, 경찰에 신고도 하고, 왔던 길을 되돌아가서 눈을 부릅뜨고 찾을 거예요. 하지만 동전과 같이 금액이 적은 돈은 잃어버리고도 잃어버렸는지 모르기도 하고, 잃어버린 줄 알았다고 해도 찾을 생각을 하지 않고 포기하기도 해요.

만약 여러분이 길에서 돈을 주웠다면, 주인을 찾아 돈을 돌려줘야 할까요? 아니면 여러분이 그냥 가져도 될까요?

2단계 관련 지식을 살펴 볼까요?

관련 기사　　관련 영상

3단계 나의 주장을 결정해 볼까요?

주인에게 **돌려줘야 한다.**　　찬성　반대　**그냥 가져도 된다.**

48

위와 같이 결정한 까닭을 세 가지로 정리해 볼까요?

4단계

① ....

② ....

③ ....

주장과 까닭을 논리적으로 써 볼까요?

5단계

서론 우리는 길에서 돈을 잃어버리기도 하고, 누군가가 잃어버린 돈을 줍기도 합니다. 저는 길에서 주운 돈을 주인에게 돌려주는 것에 **찬성 / 반대** 합니다.

본론 제가 이렇게 주장하는 이유는 다음과 같습니다.

첫째 ▶

....

....

둘째 ▶

....

....

셋째 ▶

....

....

결론 위와 같은 이유로 길에서 주운 돈을 주인에게 돌려주는 것에 **찬성 / 반대** 합니다.

찬반토론형

북한에 어려움이 생기면 도와야 할까요?

1단계 생각해 볼까요?

우리나라는 전 세계에서 유일한 분단국가에요. 전쟁 통에 헤어진 가족이 아직까지 만나지 못하는 이산가족 문제도 아픔으로 남아 있지요. 그래서 다시 하나가 되는 평화통일을 바라는 사람들이 많아요.

평화통일을 위한 방법으로 북한에 자연재해 등의 어려움이 생겼을 때, 성금을 모아 북한을 돕기도 해요. 그런데 한편에서는 그럴 돈으로 남한에 있는 어려운 이웃을 돕는 것이 더 낫다고 생각하는 사람들도 있어요.

북한에 어려움이 생길 때 성금을 모아 돕는 것이 좋을까요? 아니면 그럴 돈으로 남한에 있는 어려운 이웃을 돕는 게 좋을까요?

2단계 관련 지식을 살펴 볼까요?

3단계 나의 주장을 결정해 볼까요?

북한에 어려움이 생기면 **성금을 모아** 돕는 것이 좋다.

 찬성

 반대

그럴 돈으로 남한의 **어려운 이웃**을 돕는 것이 좋다.

4단계 위와 같이 결정한 까닭을 세 가지로 정리해 볼까요?

1.
2.
3.

5단계 주장과 까닭을 논리적으로 써 볼까요?

서론 남한과 북한은 언젠가 평화롭게 통일되어야 합니다. 북한이 어려울 때 성금을 모아 도와주는 것에 **찬성 / 반대** 합니다.

본론 제가 이렇게 주장하는 이유는 다음과 같습니다.

 첫째

 둘째

 셋째

결론 위와 같은 이유로 북한이 어려울 때 성금을 모아 도와주는 것에 **찬성 / 반대** 합니다.

아픈 날에도 꾹 참고 공부해야 할까요?

관련 단원 | 초등 국어 3-2 | 6. 마음을 담아 글을 써요
초등 도덕 3 | 1. 나와 너, 우리 함께

1단계 생각해 볼까요?

'학생의 본분은 공부'라는 말이 있어요. 공부는 좁은 의미로 학교나 학원에서 교과의 내용을 배우는 것이고, 넓은 의미로는 생활 속에서 경험하며 배우는 모든 것이지요. 여기서는 좁은 의미의 학교나 학원 공부로 생각해 볼까요?

공부를 할 때는 자신의 실력에 맞게 무리하지 않은 계획을 세우고, 습관처럼 꾸준히 실천하는 것이 중요해요. 그런데 우리는 때로 아프거나 피곤해서 몸이 힘든 날이 있어요. 이렇게 몸이 힘든 날에도 꾹 참고 공부를 해야 할까요? 아니면 몸이 회복될 때까지 쉬었다가 하는 것이 좋을까요?

2단계 관련 지식을 살펴 볼까요?

3단계 나의 주장을 결정해 볼까요?

꾹 참고 공부해야 한다.   **쉬었다가** 해야 한다.

4단계 위와 같이 결정한 까닭을 세 가지로 정리해 볼까요?

1.
2.
3.

5단계 주장과 까닭을 논리적으로 써 볼까요?

서론 공부는 습관처럼 꾸준히 실천하는 것이 중요합니다. 저는 몸이 힘든 날에도 꾹 참고 공부해야 한다는 의견에 　찬성 / 반대　 합니다.

본론 제가 이렇게 주장하는 이유는 다음과 같습니다.

첫째

둘째

셋째

결론 위와 같은 이유로 몸이 힘든 날도 꾹 참고 공부해야 한다는 의견에 　찬성 / 반대　 합니다.

찬반토론형 11

| 관련 단원 | 초등 사회 4-2 | 1. 촌락과 도시의 생활 모습 |
| | 초등 도덕 4 | 6. 함께 꿈꾸는 무지개 세상 |

도시에서 사는 것이 더 좋을까요?

1단계 생각해 볼까요?

여러분은 촌락과 도시 중 어디에 살고 있나요? 촌락의 모습과 도시의 모습은 차이점이 많아요. 촌락은 자연환경에 영향을 많이 받는 곳이에요. 촌락에 사는 사람들은 주로 농사를 짓거나 물고기를 잡는 등 자연과 더불어 살지요.

도시에는 고층빌딩과 공장이 많고 많은 사람이 몰려 살아요. 버스, 지하철 등의 대중교통이 발달해 이동이 편리하지요.

어디에서 사는 것이 좋다고 우열을 가리는 것은 어려워요. 어떤 친구들은 도시에서 사는 것이 촌락에서 사는 것보다 더 좋다고 생각하는데요. 여러분의 생각은 어떤가요?

2단계 관련 지식을 살펴 볼까요?

 관련 기사

 관련 영상

3단계 나의 주장을 결정해 볼까요?

도시에서 사는 것이 더 좋다.  찬성  반대 **촌락에서** 사는 것이 더 좋다.

4단계 위와 같이 결정한 까닭을 세 가지로 정리해 볼까요?

1. ....
2. ....
3. ....

5단계 주장과 까닭을 논리적으로 써 볼까요?

서론 촌락과 도시는 서로 다른 모습과 특징이 있습니다. 저는 도시에서 사는 것이 촌락보다 더 좋다는 의견에 **찬성 / 반대** 합니다.

본론 제가 이렇게 주장하는 이유는 다음과 같습니다.

▶ 첫째
....
....

▶ 둘째
....
....

▶ 셋째
....
....

결론 위와 같은 이유로 도시에서 사는 것이 촌락보다 더 좋다는 의견에 **찬성 / 반대** 합니다.

찬반토론형

12. 적은 용돈으로 어려운 이웃을 도와야 할까요?

관련 단원: 초등 도덕 4 | 6. 함께 꿈꾸는 무지개 세상
초등 사회 4-1 | 3. 지역의 공공 기관과 주민 참여

1단계 생각해 볼까요?

기부란, 다른 사람을 돕는 일에 대가를 바라지 않고 돈이나 물건을 내놓는 것을 말해요. 기부는 부자들만 하는 것은 아니고 남녀노소 누구나 다 참여할 수 있는 선행이에요.

여러분은 기부에 대해 어떻게 생각하나요? 어린이의 얼마 되지 않는 용돈이지만, 지금 당장 여러분 주변에 있는 어려운 이웃을 도와야 할까요? 아니면 나중에 여러분이 어른이 되어 부자가 되었을 때 도와야 할까요?

2단계 관련 지식을 살펴 볼까요?

관련 기사

관련 영상

3단계 나의 주장을 결정해 볼까요?

적은 용돈이지만, 지금 도와야 한다. [찬성]

나중에 부자가 되었을 때 도와야 한다. [반대]

4단계 위와 같이 결정한 까닭을 세 가지로 정리해 볼까요?

1. ....
2. ....
3. ....

5단계 주장과 까닭을 논리적으로 써 볼까요?

서론 유명 연예인, 기업 등 수많은 사람이 기부를 합니다. 적은 용돈이지만 지금 어려운 이웃을 도와야 한다는 의견에 찬성 / 반대 합니다.

본론 제가 이렇게 주장하는 이유는 다음과 같습니다.

첫째

둘째

셋째

결론 위와 같은 이유로 적은 용돈이지만 지금 어려운 이웃을 도와야 한다는 의견에 찬성 / 반대 합니다.

세뱃돈은 내가 모두 가져야 할까요?

1단계 생각해 볼까요?

설날은 우리 민족의 3대 명절 중 하나에요. 새해를 맞이하는 설날에는 그동안 흩어져 살던 친척이 다 모여 차례도 지내고, 떡국도 먹고, 집안 어른께 세배를 드리지요. 이때가 우리 친구들이 가장 기다리던 때일 거예요. 바로 세배를 받은 집안 어른께서 덕담과 함께 세뱃돈을 주시기 때문이지요.

이렇게 받은 세뱃돈을 어떻게 해야 할까요? 세뱃돈은 내가 받은 돈이니 내가 모두 가져야 할까요? 아니면 부모님께 드려야 할까요?

2단계 관련 지식을 살펴 볼까요?

3단계 나의 주장을 결정해 볼까요?

내가 모두 가져야 한다. (찬성)　　**부모님께 드려야** 한다. (반대)

위와 같이 결정한 까닭을 세 가지로 정리해 볼까요?

1.
2.
3.

주장과 까닭을 논리적으로 써 볼까요?

 우리 민족의 명절인 설날에는 집안 어른께 세뱃돈을 받습니다. 세뱃돈은 내가 받았으니 내가 모두 가져야 한다는 의견에 **찬성 / 반대** 합니다.

본론 제가 이렇게 주장하는 이유는 다음과 같습니다.

결론 위와 같은 이유로 집안 어른께 받은 세뱃돈은 내가 모두 가져야 한다는 의견에 **찬성 / 반대** 합니다.

관련 단원: 초등 사회 4-2 | 3. 사회 변화와 문화의 다양성
초등 도덕 3 | 1. 나와 너, 우리 함께

장애 친구에게 급식 우선권을 주어야 할까요?

1단계 생각해 볼까요?

주변에 장애를 가진 가족이나 친구가 있나요? 장애인은 신체 일부에 장애가 있거나 정신 능력이 원활하지 못해 생활에 어려움을 겪는 사람을 말해요. 과거와 비교해 오늘날에는 장애인에 대한 인식이 많이 개선되었지만, 요즘도 여전히 장애에 대한 편견과 차별이 남아 있는 것도 사실이에요.

만약 우리 반에 장애를 가진 친구가 있다면, 그 친구가 매일 급식을 가장 먼저 먹을 수 있도록 하는 게 좋을까요? 아니면 다른 친구들처럼 순서대로 먹는 게 좋을까요?

2단계 관련 지식을 살펴 볼까요?

관련 기사 | 관련 영상

3단계 나의 주장을 결정해 볼까요?

장애를 가진 친구가 **가장 먼저 먹게** 해야 한다. [찬성]

다른 친구들처럼 **순서대로** 먹게 해야 한다. [반대]

4단계 위와 같이 결정한 까닭을 세 가지로 정리해 볼까요?

1.
2.
3.

5단계 주장과 까닭을 논리적으로 써 볼까요?

서론 장애인은 우리와 함께 살아가는 가족이자 친구입니다. 저는 장애를 가진 친구가 급식을 먼저 먹게 하자는 의견에 **찬성 / 반대** 합니다.

본론 제가 이렇게 주장하는 이유는 다음과 같습니다.

 첫째

 둘째

 셋째

결론 위와 같은 이유로 장애를 가진 친구가 급식을 먼저 먹게 하자는 의견에 **찬성 / 반대** 합니다.

신조어와 줄임말 사용을 금지해야 할까요?

관련 단원: 초등 국어 4-2 | 9. 자랑스러운 한글
초등 도덕 3 | 5. 함께 지키는 행복한 세상

1단계 생각해 볼까요?

'핵노잼', '생선', '멘붕', '레알', '생파', '개이득'. 요즘 우리나라 어린이가 많이 사용하는 신조어와 줄임말이에요. 어린이는 이 말이 '편해서', '친구들이 대부분 사용해서', '재미있어서' 사용한다고 하는데요. 대부분의 부모님은 이 말을 쓰는 자녀와의 소통이 어렵고 우리말이 훼손된다고 걱정하는 경우가 많아요.

어린이가 바르고 고운 말을 사용할 수 있도록 교실 안에서만큼은 신조어와 줄임말 사용을 아예 금지하자는 의견이 있어요. 이것에 대해 여러분은 어떻게 생각하나요?

2단계 관련 지식을 살펴 볼까요?

 관련 기사
 관련 영상

3단계 나의 주장을 결정해 볼까요?

교실 안에서만큼은 금지해야 한다.

 찬성 / 반대

신조어와 줄임말의 사용을 줄일 수 있는 **다른 방법을 찾아야** 한다.

4단계 위와 같이 결정한 까닭을 세 가지로 정리해 볼까요?

① ....

② ....

③ ....

5단계 주장과 까닭을 논리적으로 써 볼까요?

서론 요즘 신조어와 줄임말을 사용하는 어린이가 많습니다. 저는 교실 안에서 신조어와 줄임말의 사용을 금지하자는 의견에 **찬성 / 반대** 합니다.

본론 제가 이렇게 주장하는 이유는 다음과 같습니다.

....

....

....

....

....

....

결론 위와 같은 이유로 교실 안에서 신조어와 줄임말의 사용을 금지하자는 의견에 **찬성 / 반대** 합니다.

찬반토론형

관련 단원: 초등 국어 4-2 | 5. 의견이 드러나게 글을 써요
초등 도덕 3 | 5. 함께 지키는 행복한 세상

친구의 이름 대신 별명을 불러도 될까요?

1단계 생각해 볼까요?

친한 친구를 부를 때, 이름 대신 별명을 부르는 경우가 있어요. 별명을 부르면 재미있기도 하고, 더 친근한 기분이 들기도 하지요. 유재석 아저씨를 '메뚜기'라고 부를 때 더 친근하게 느껴지는 것처럼 말이에요. 이렇게 별명은 나라는 사람을 나타내는 이름표 같은 것인데요. 별명으로 불리는 것을 좋아하는 친구도 있지만, 싫어하는 친구도 있답니다.

여러분은 친구들끼리 서로 별명을 부르는 것에 관해 어떻게 생각하나요? 친구의 별명 부르기에 찬성하나요, 반대하나요? 그 이유는 무엇인가요?

2단계 관련 지식을 살펴 볼까요?

3단계 나의 주장을 결정해 볼까요?

친구의 이름 대신 별명을 **불러도 된다.**

친구의 이름 대신 별명을 **부르면 안 된다.**

위와 같이 결정한 까닭을 세 가지로 정리해 볼까요?

1.
2.
3.

주장과 까닭을 논리적으로 써 볼까요?

서론 우리는 친한 친구를 부를 때 이름 대신 별명을 부르는 경우가 있습니다. 저는 친구의 이름 대신 별명을 부르는 것에 **찬성 / 반대** 합니다.

본론 제가 이렇게 주장하는 이유는 다음과 같습니다.

결론 위와 같은 이유로 친구의 이름 대신 별명을 부르는 것에 **찬성 / 반대** 합니다.

관련 단원: 초등 사회 4-1 | 3. 지역의 공공 기관과 주민 참여
초등 도덕 3 | 5. 함께 지키는 행복한 세상

공공 기관은 반드시 필요한 곳인가요?

1단계 생각해 볼까요?

지역마다 소방서, 경찰서, 보건소, 도서관, 우체국 등과 같은 공공 기관이 있어요. 공공 기관은 어떤 곳일까요? 공공 기관이란, 주민의 이익과 편의를 위해 일하는 곳을 말해요. 소방서는 화재를 예방하고 진압하는 일을 하고, 경찰서는 지역의 안전과 질서를 유지하는 일을 하지요.

하지만 공공 기관이라는 자리를 이용해 돈을 받거나 불공정하게 일을 처리하는 등의 부정부패가 생기는 경우도 많아요. 이런 일이 생기면 책임자가 자리에서 물러나거나 주민들의 신뢰를 잃기도 해요. 여러분은 공공 기관이 우리에게 반드시 필요한 곳이라고 생각하나요?

2단계 관련 지식을 살펴 볼까요?

관련 기사 / 관련 영상

3단계 나의 주장을 결정해 볼까요?

공공 기관은 반드시 **필요한 곳이다.**

공공 기관은 반드시 **필요한 곳은 아니다.**

찬성 / 반대

66

위와 같이 결정한 까닭을 세 가지로 정리해 볼까요?

① _____

② _____

③ _____

주장과 까닭을 논리적으로 써 볼까요?

 공공 기관은 주민을 위해 일하는 곳이지만, 부정부패가 발생하기도 합니다.
저는 공공 기관은 반드시 필요한 곳이라는 의견에 **찬성 / 반대** 합니다.

본론 제가 이렇게 주장하는 이유는 다음과 같습니다.

_____
_____

_____
_____

_____
_____

결론 위와 같은 이유로 공공 기관은 반드시 필요한 곳이라는 의견에
찬성 / 반대 합니다.

| 관련 | 초등 도덕 4 | 2. 공손하고 다정하고 |
| 단원 | 초등 국어 4-2 | 3. 바르고 공손하게 |

어른께는 반드시 존댓말을 써야 할까요?

1단계 생각해 볼까요?

예로부터 우리나라는 '동방예의지국'이라 불렸어요. 이는 '예의가 바른 동쪽의 나라'라는 뜻으로, 칭찬의 의미를 담고 있지요. 우리나라는 말에도 사람을 높여 이르는 존댓말이 있는데요. 그래서 우리나라에서는 어른께 존댓말을 쓰는 것이 당연하게 여겨지고 있어요.

하지만 다른 나라 말에는 존댓말이 없어요. 요즘 부모와 자녀가 서로 반말로 대화하는 경우가 많고, 이런 모습이 굉장히 친밀한 관계로 여겨지고는 해요.

여러분의 생각은 어떤가요? 어른께는 반드시 존댓말을 사용해야 하는 걸까요?

2단계 관련 지식을 살펴 볼까요?

 관련 기사

 관련 영상

3단계 나의 주장을 결정해 볼까요?

어른께는 반드시 존댓말을 **사용해야 한다.**

 찬성

 반대

어른께 반드시 존댓말을 **사용하지 않아도 괜찮다.**

4단계 위와 같이 결정한 까닭을 세 가지로 정리해 볼까요?

①
②
③

5단계 주장과 까닭을 논리적으로 써 볼까요?

서론 요즘 우리나라에서도 친밀한 관계에 있는 어른께는 반말을 합니다. 저는 어른께 반드시 존댓말을 써야 한다는 의견에 **찬성 / 반대** 합니다.

본론 제가 이렇게 주장하는 이유는 다음과 같습니다.

첫째

둘째

셋째

결론 위와 같은 이유로 어른께 반드시 존댓말을 써야 한다는 의견에 **찬성 / 반대** 합니다.

관련 단원: 초등 도덕 4 | 2. 공손하고 다정하고
초등 사회 4-2 | 3. 사회 변화와 문화의 다양성

내면의 아름다움이 더 중요할까요?

1단계 생각해 볼까요?

사람이 가진 아름다움에는 외면의 아름다움과 내면의 아름다움이 있어요. 말 그대로 외면의 아름다움은 겉으로 보이는 모습의 아름다움을 말하고, 내면의 아름다움은 겉으로 보이지 않는 마음의 아름다움을 말해요.

어떤 사람들은 외모가 그 사람의 첫인상을 결정하기 때문에 외면의 아름다움이 중요하다고 생각해요. 그리고 어떤 사람들은 외면의 아름다움은 시간이 지나면 사라지지만, 마음은 시간이 흘러도 변함이 없다며 내면의 아름다움이 더 중요하다고 생각하지요. 여러분은 어떻게 생각하나요? 내면의 아름다움이 외면의 아름다움보다 더 중요할까요?

2단계 관련 지식을 살펴 볼까요?

 관련 기사

 관련 영상

3단계 나의 주장을 결정해 볼까요?

내면의 아름다움이 더 중요하다. — 찬성

외면의 아름다움이 더 중요하다. — 반대

4단계 위와 같이 결정한 까닭을 세 가지로 정리해 볼까요?

1.
2.
3.

5단계 주장과 까닭을 논리적으로 써 볼까요?

서론 사람의 아름다움에는 외면적인 것과 내면적인 것이 있습니다. 저는 내면의 아름다움이 더 중요하다는 의견에 **찬성 / 반대** 합니다.

본론 제가 이렇게 주장하는 이유는 다음과 같습니다.

첫째

둘째

셋째

결론 위와 같은 이유로 내면의 아름다움이 외면의 아름다움보다 더 중요하다는 의견에 **찬성 / 반대** 합니다.

찬반토론형

20 학생도 집안일을 해야 할까요?

관련 단원: 초등 도덕 3 | 3. 사랑이 가득한 우리 집
초등 사회 3-2 | 3. 가족의 형태와 역할 변화

1단계 생각해 볼까요?

여러분은 집안일을 해 본 적 있나요? 집안일은 청소, 빨래, 식사 준비, 설거지, 쓰레기 분리수거 등 가족이 생활하는 공간을 잘 유지하기 위해 하는 일을 말해요. 보통 집안일은 부모님이 하시지만, 때로는 온 가족이 분담해서 하기도 하지요.

집안일을 분담하는 것에 대해 여러분은 어떻게 생각하나요? 여러분은 학생의 할 일인 공부만 잘하면 될까요? 아니면 가족과 함께 생활하는 공간이니 함께하는 마음으로 집안일을 하는 것이 좋을까요?

2단계 관련 지식을 살펴 볼까요?

관련 기사　　관련 영상

3단계 나의 주장을 결정해 볼까요?

집안일을 **하는 것이 좋다.**

찬성　반대

학생은 집안일을 **하지 않아도 된다.**

4단계 위와 같이 결정한 까닭을 세 가지로 정리해 볼까요?

1.
2.
3.

5단계 주장과 까닭을 논리적으로 써 볼까요?

서론 학생의 할 일은 공부이지만 가족과 집안일을 함께하기도 합니다. 저는 집안일을 분담해서 해야 한다는 의견에 **찬성 / 반대** 합니다.

본론 제가 이렇게 주장하는 이유는 다음과 같습니다.

첫째

둘째

셋째

결론 위와 같은 이유로 학생도 집안일을 분담해서 해야 한다는 의견에 **찬성 / 반대** 합니다.

21. 품질이 떨어지지만, 더 저렴한 것을 사야 할까요?

관련 단원: 초등 사회 4-2 | 2. 필요한 것의 생산과 교환
초등 도덕 3 | 4. 아껴 쓰는 우리

1단계 생각해 볼까요?

여러분은 필요한 물건을 살 때 어떤 부분을 가장 중요하게 생각하나요? 예를 들어 볼게요. 부모님께서 여러분에게 처음으로 스마트폰을 사주시기로 하셨다면, 여러분은 어떤 스마트폰을 고르고 싶나요? 가격과 품질에 따라 정말 다양한 스마트폰이 있으니 고민이 많이 될 거예요. 품질이 떨어지지만, 더 저렴한 것을 사야 할까요? 아니면 비싸더라도 품질이 우수한 것을 사야 할까요?

2단계 관련 지식을 살펴 볼까요?

관련 기사

관련 영상

3단계 나의 주장을 결정해 볼까요?

찬성: 품질은 떨어지지만 **저렴한 것을** 사야 한다.

반대: 비싸더라도 **품질이 좋은 것을** 사야 한다.

4단계 위와 같이 결정한 까닭을 세 가지로 정리해 볼까요?

1.
2.
3.

5단계 주장과 까닭을 논리적으로 써 볼까요?

서론 우리는 필요한 것을 살 때 가격과 품질을 생각합니다. 저는 품질이 떨어져도 저렴한 것을 사야 한다는 의견에 **찬성 / 반대** 합니다.

본론 제가 이렇게 주장하는 이유는 다음과 같습니다.

첫째

둘째

셋째

결론 위와 같은 이유로 품질이 떨어져도 저렴한 것을 사야 한다는 의견에 **찬성 / 반대** 합니다.

찬반토론형

22. 식판에 받은 반찬은 남김없이 먹어야 할까요?

관련 단원: 초등 사회 3-1 | 3. 지역의 공공 기관과 주민 참여
초등 국어 4-1 | 2. 생각과 느낌을 나누어요.

1단계 생각해 볼까요?

여러분은 매일 학교에서 급식을 먹고 있죠? 내가 좋아하는 반찬, 더 먹고 싶은 반찬이 나올 때도 있지만 한 번도 먹어보지 않은 반찬, 다시는 먹고 싶지 않은 반찬, 맵거나 낯설어서 먹기 힘든 반찬이 나올 때도 많아요. 반찬을 식판에 담을 때는 나의 입맛과 상관없이 모두 똑같이 받고 있고요.

이렇게 식판에 받은 반찬은 반드시 남김없이 다 먹어야 할까요? 편식 없이 모든 반찬을 골고루 먹으면 건강과 성장에 도움이 되겠지만, 싫은 반찬을 억지로 먹었을 때의 부작용도 생각하지 않을 수 없겠죠? 여러분의 생각은 어떤가요?

2단계 관련 지식을 살펴 볼까요?

3단계 나의 주장을 결정해 볼까요?

남김없이 먹어야 한다.  굳이 **먹지 않아도** 된다.

4단계 위와 같이 결정한 까닭을 세 가지로 정리해 볼까요?

① ....

② ....

③ ....

5단계 주장과 까닭을 논리적으로 써 볼까요?

서론 점심시간이 되면 매일 다양한 반찬이 나옵니다. 먹고 싶지 않아도 건강한 식습관을 위해 골고루 남김없이 먹어야 한다는 의견에 **찬성 / 반대** 합니다.

본론 제가 이렇게 주장하는 이유는 다음과 같습니다.

 첫째

....

....

 둘째

....

....

 셋째

....

....

결론 위와 같은 이유로 식사를 할 때 골고루 남김없이 먹어야 한다는 의견에 **찬성 / 반대** 합니다.

찬반토론형

책은 반드시 바른 자세로 읽어야 할까요?

관련 단원: 초등 사회 3-1 | 3. 지역의 공공 기관과 주민 참여
초등 국어 4-1 | 2. 생각과 느낌을 나누어요.

1단계 생각해 볼까요?

여러분은 푹신한 소파에서 뒹굴거리며 책 읽는 시간을 좋아하나요? 편안한 분위기에서 책을 읽으면 기분도 좋고, 책 내용에 훨씬 더 집중이 잘 되는 듯한 기분이 들지요?

그런데 그렇게 편안하게 앉아 책을 읽다 보면 가끔 이런 생각이 들 때가 있어요. 책을 읽는 것은 공부와 비슷한 면도 많은데, 공부할 때처럼 바른 자세로 책상에 앉아 읽어야 하는 거 아닌가 하는 생각 말이에요. 여러분의 생각은 어떤가요?

2단계 관련 지식을 살펴 볼까요?

 관련 기사

 관련 영상

3단계 나의 주장을 결정해 볼까요?

반드시 **바른 자세로** 읽어야 한다.

 찬성

 반대

편한 자세로 읽어도 된다.

4단계 위와 같이 결정한 까닭을 세 가지로 정리해 볼까요?

① _____

② _____

③ _____

5단계 주장과 까닭을 논리적으로 써 볼까요?

서론 독서를 하는 자세는 사람마다 다릅니다. 저는 반드시 바른 자세로 앉아 책을 읽어야 한다는 의견에 **찬성 / 반대** 합니다.

본론 제가 이렇게 주장하는 이유는 다음과 같습니다.

 첫째

_____

_____

 둘째

_____

_____

 셋째

_____

_____

결론 위와 같은 이유로 반드시 바른 자세로 책을 읽어야 한다는 의견에 **찬성 / 반대** 합니다.

초등학생은 꼭 연필을 사용해야 할까요?

1단계 생각해 볼까요?

샤프는 심이 가늘고 약해서 사용할 때 힘 조절을 잘해야 해요. 그렇지 않으면 심이 쉽게 부러지거든요. 그래서 또박또박 힘을 주어 글자를 쓰기가 어렵지요. 반면 연필을 이용하면 또박또박 힘 있는 글쓰기를 할 수 있어요. 바르게 글씨를 쓰는 훈련도 할 수 있고, 무엇보다 손의 힘을 기를 수 있답니다.

이런 이유로 초등학생 때는 연필을 사용하도록 권하고 있어요. 여러분의 생각은 어떤가요? 초등학생은 꼭 연필을 사용해야 할까요?

2단계 관련 지식을 살펴 볼까요?

3단계 나의 주장을 결정해 볼까요?

초등학생은 **연필을** 사용해야 한다. 찬성 / 반대 초등학생이 **샤프를** 사용해도 괜찮다.

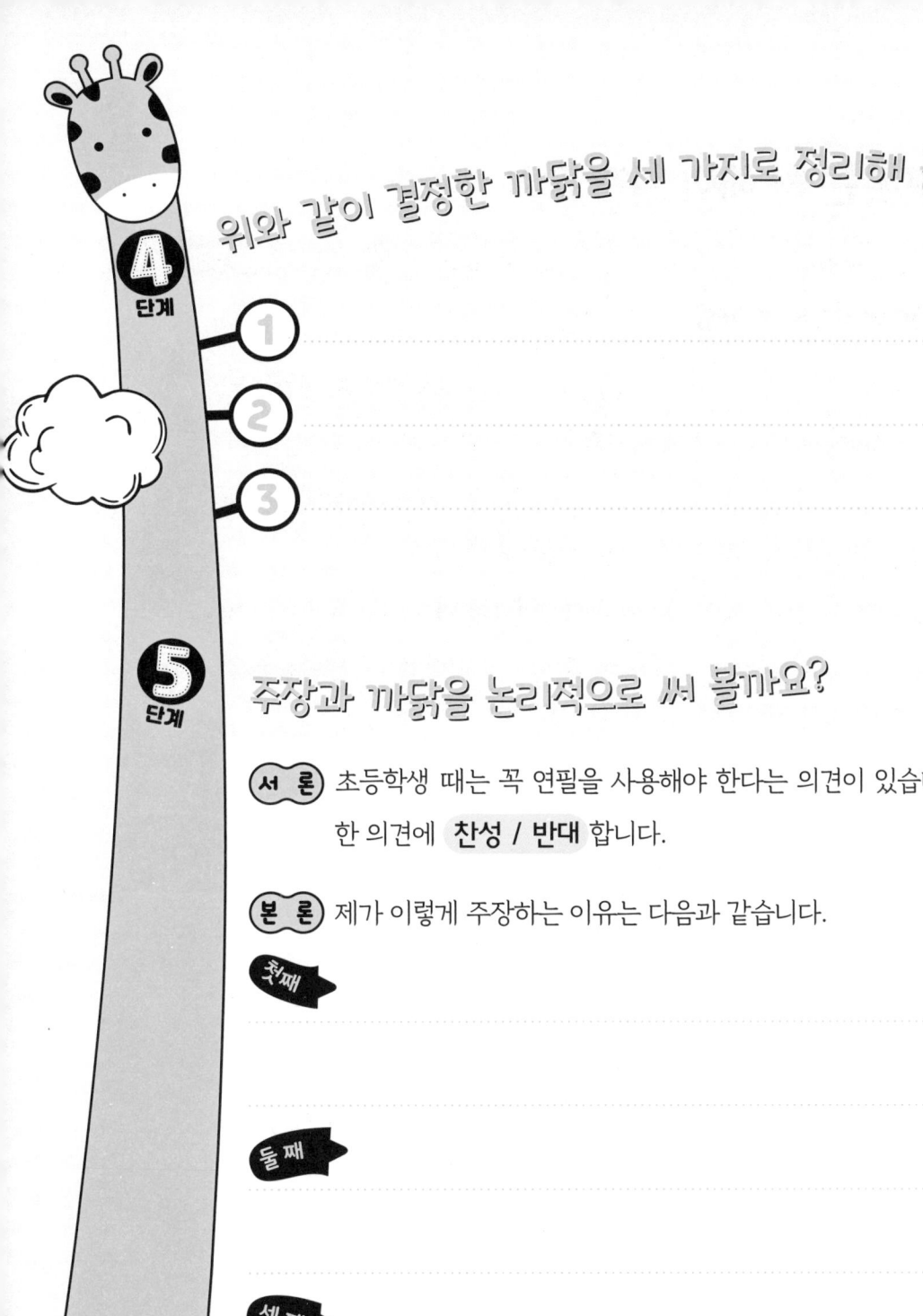

4단계 위와 같이 결정한 까닭을 세 가지로 정리해 볼까요?

① ....

② ....

③ ....

5단계 주장과 까닭을 논리적으로 써 볼까요?

(서론) 초등학생 때는 꼭 연필을 사용해야 한다는 의견이 있습니다. 저는 이러한 의견에 **찬성 / 반대** 합니다.

(본론) 제가 이렇게 주장하는 이유는 다음과 같습니다.

▶ 첫째 ....

....

▶ 둘째 ....

....

▶ 셋째 ....

....

(결론) 위와 같은 이유로 초등학생 때 꼭 연필을 사용해야 한다는 의견에 **찬성 / 반대** 합니다.

찬반토론형

25 결혼은 꼭 해야 할까요?

관련 단원: 초등 사회 3-2 | 3. 가족의 모습과 역할 변화
초등 도덕 3 | 3. 사랑이 가득한 우리 집

1단계 생각해 볼까요?

결혼은 남자와 여자가 정식으로 부부의 관계를 맺는 것을 말해요. 옛날에는 결혼을 아주 어린 나이에 했지만, 요즘에는 결혼하기에 적합하다고 생각하는 나이가 점점 늦어지고 있어요. 결혼 비용을 준비할 시간이 더 필요해서, 직장에서 경력을 더 쌓아야 해서, 자신만의 시간을 더 갖고 싶어서 등 다양한 이유가 있지요.

어떤 사람들은 결혼을 꼭 해야 하느냐고 반문하기도 해요. 결혼하고 나서 이혼하는 사람들도 많고, 혼자 살아도 행복할 수 있다고 생각하니까요. 여러분은 어떻게 생각하나요? 결혼은 꼭 해야 하는 걸까요?

2단계 관련 지식을 살펴 볼까요?

관련 기사

관련 영상

3단계 나의 주장을 결정해 볼까요?

결혼은 꼭 해야 **한다.** 〔찬성〕

〔반대〕 결혼은 꼭 해야 하는 것은 **아니다.**

4단계 위와 같이 결정한 까닭을 세 가지로 정리해 볼까요?

1.
2.
3.

5단계 주장과 까닭을 논리적으로 써 볼까요?

서론 많은 사람이 결혼을 합니다. 그런데 결혼을 꼭 해야 하냐고 반문하는 사람도 있습니다. 저는 결혼은 꼭 해야 한다는 의견에 **찬성 / 반대** 합니다.

본론 제가 이렇게 주장하는 이유는 다음과 같습니다.

첫째

둘째

셋째

결론 위와 같은 이유로 결혼은 꼭 해야 한다는 의견에 **찬성 / 반대** 합니다.

83

여기에서부터는
문제해결형 논술 주제들이 준비되어 있어.
찬반토론형처럼
오늘 내가 쓰고 싶은 주제,
오늘 나와 관련 있는 주제,
오랫동안 고민하지 않아도
술술 쓸 수 있을 것 같은
만만한 주제부터 선택하면 돼.
문제해결형이 뭔지
기억나지 않는 친구들은
17쪽을 다시 확인해도 좋아.
그럼, 논술 쓰러 가 보자고!

관련 단원: 초등 국어 4-2 | 5. 의견이 드러나게 글을 써요
초등 도덕 3 | 4. 아껴 쓰는 우리

교실 안에서 낭비를 줄이는 방법은?

1단계 생각해 볼까요?

낭비란, 시간이나 재물 등을 아끼지 않고 함부로 쓰는 것을 말해요. 시간, 전기, 물, 휴지, 음식, 종이 등 우리가 낭비하고 있는 것은 셀 수 없이 많아요. 이런 낭비를 줄이면 시간의 여유를 얻을 수 있고, 돈도 절약할 수 있으며, 환경도 지킬 수 있답니다.

우리가 공부하는 교실에서도 낭비되는 것이 있어요. 교실 안에서 가장 심하게 낭비되는 것을 한 가지 고르고, 그것의 낭비를 막기 위한 방법 세 가지를 찾아 보세요.

2단계 관련 지식을 살펴 볼까요?

 관련 기사
 관련 영상

3단계 해결해야 할 문제는 무엇인가요?

4단계 문제를 해결하기 위한 방법을 세 가지 찾아볼까요?

1.
2.
3.

5단계 문제 해결 방법을 논리적으로 정리해 볼까요?

(서론) 우리가 지내는 교실에서 낭비되는 것이 많습니다. 이 중에서도 가장 낭비가 심한 것은 _____ 이며, 이 낭비를 줄여야 합니다.

(본론) 교실 안에서 낭비를 줄이는 방법은 다음과 같습니다.

첫째 ▶

둘째 ▶

셋째 ▶

(결론) 이 세 가지 방법을 통해 문제를 해결할 수 있을 거라 생각합니다.

관련 초등 국어 3-2 | 5. 바르게 대화해요
단원 초등 도덕 3 | 5. 함께 지키는 아름다운 세상

무례한 고객을 줄이는 방법은?

1단계 생각해 볼까요?

감정 노동이란, 자신의 실제 감정은 드러내지 않고 회사의 입장에 따라 말과 행동을 연기하듯 일하는 사람을 말해요. 예를 들어, 백화점 판매원은 자신의 실제 감정과는 관계없이 늘 고객에게 웃으며 친절한 말투로 대해야 하는데요. 그것이 바로 감정 노동이에요.

그런데 간혹 고객이 감정 노동자를 무례하게 대하는 경우가 있어요. 고객의 무례한 태도는 감정 노동자에게 심각한 정신적 고통을 안겨 주지요. 감정 노동자가 겪는 고통을 줄이려면, 무례한 말과 행동을 하는 고객이 줄어들도록 해야 해요. 무례한 고객을 줄이는 방법에는 무엇이 있을지 생각해 보세요.

관련 지식을 살펴 볼까요?

해결해야 할 문제는 무엇인가요?

문제를 해결하기 위한 방법을 세 가지 찾아볼까요?

4단계

1.
2.
3.

문제 해결 방법을 논리적으로 정리해 볼까요?

5단계

서론 감정 노동자가 무례한 고객의 말과 행동으로 고통을 받고 있습니다. 이 고통을 줄이려면 무례한 고객이 줄어들어야 합니다.

본론 무례한 고객을 줄이는 방법은 다음과 같습니다.

첫째

둘째

셋째

결론 이 세 가지 방법을 통해 문제를 해결할 수 있을 거라 생각합니다.

관련 초등 도덕 4 | 3. 아름다운 사람이 되는 길
단원 초등 국어 3-1 | 8. 의견이 있어요

자신과의 약속을 지키기 위한 방법은?

1단계 생각해 볼까요?

여러분은 약속을 잘 지키나요? 일반적으로 약속은 다른 사람과 꼭 지키기 위해서 정하는 것이에요. 약속을 지키지 못하게 되었을 때는 약속한 상대에게 최대한 빨리 알려 주는 것이 예의예요. 그렇지 않으면 상대방에게 피해가 발생할 수 있기 때문이에요.

그렇다면 자기 자신과의 약속도 잘 지켜야겠죠? 어떤 친구가 하루에 30분씩만 유튜브를 보기로 했어요. 그런데 약속했던 시간보다 더 많이 보게 되었고, 자신과의 약속을 지키지 못해서 속상해졌어요. 이 친구가 자신과의 약속을 잘 지키려면 어떤 방법이 좋을까요?

2단계 관련 지식을 살펴 볼까요?

3단계 해결해야 할 문제는 무엇인가요?

4단계 | 문제를 해결하기 위한 방법을 세 가지 찾아볼까요?

1. ....
2. ....
3. ....

5단계 | 문제 해결 방법을 논리적으로 정리해 볼까요?

서론 어떤 친구가 유튜브를 하루에 30분만 보기로 자신과 약속했는데, 잘 지키지 못하고 있습니다. 자신과의 약속을 지키는 방법이 필요합니다.

본론 자신과의 약속을 지키기 위한 방법은 다음과 같습니다.

첫째▶
....
....

둘째▶
....
....

셋째▶
....
....

결론 이 세 가지 방법을 통해 문제를 해결할 수 있을 거라 생각합니다.

29 교실을 깨끗하게 유지하기 위한 방법은?

관련 단원: 초등 국어 4-1 | 1. 생각과 느낌을 나누어요
초등 도덕 3 | 1. 나와 너, 우리 함께

1단계 생각해 볼까요?

여러분이 사용하는 교실은 어떤 모습인가요? 교실의 모양은 비슷하지만, 반마다 어떻게 꾸미는지에 따라서, 또 사용하는 사람들에 따라서 다른 교실이 되지요. 여러분이 많은 시간을 보내는 교실은 깨끗하게 관리하는 것이 중요해요. 깨끗한 교실은 보기에도 좋고, 여러분의 건강에도 좋지요.

여러분이 사용하는 교실을 깨끗하게 유지하기 위한 방법에는 무엇이 있을까요?

 관련 지식을 살펴 볼까요?

 해결해야 할 문제는 무엇인가요?

4단계 - 문제를 해결하기 위한 방법을 세 가지 찾아볼까요?

1.
2.
3.

5단계 - 문제 해결 방법을 논리적으로 정리해 볼까요?

서론 깨끗한 교실은 보기도 좋고 학생의 건강에도 좋습니다. 그래서 교실을 깨끗하게 유지하는 것은 중요합니다.

본론 교실을 깨끗하게 유지하기 위한 방법은 다음과 같습니다.

첫째

둘째

셋째

결론 이 세 가지 방법을 통해 문제를 해결할 수 있을 거라 생각합니다.

관련 단원 | 초등 과학 3-2 | 4. 소리의 성질
초등 도덕 4 | 6. 함께 꿈꾸는 무지개 세상

층간 소음을 줄이는 방법은?

1단계 생각해 볼까요?

층간 소음이란, 아파트나 빌라와 같은 공동 주택에서 발생하는 소음 공해를 말해요. 아이들이 뛰는 소리, 가구를 끄는 소리, 반려동물의 소리 등 다양한 소리가 이웃에게 참기 힘든 불쾌감을 주지요.

층간 소음이 매우 심한 경우에는 휴식과 잠을 방해하여 스트레스, 두통, 집중력 저하 등의 문제가 생길 수 있어요. 따라서 층간 소음 문제가 생기면 이웃과의 관계가 틀어지기도 하는데요. 이런 상황이 생기지 않도록 층간 소음을 줄이려면 어떻게 해야 할까요?

 관련 지식을 살펴 볼까요?

 관련 기사    관련 영상

 해결해야 할 문제는 무엇인가요?

4단계 문제를 해결하기 위한 방법을 세 가지 찾아볼까요?

1. ＿＿＿＿＿＿＿＿＿＿＿＿＿＿＿＿＿＿＿＿＿＿＿＿
2. ＿＿＿＿＿＿＿＿＿＿＿＿＿＿＿＿＿＿＿＿＿＿＿＿
3. ＿＿＿＿＿＿＿＿＿＿＿＿＿＿＿＿＿＿＿＿＿＿＿＿

5단계 문제 해결 방법을 논리적으로 정리해 볼까요?

서론 공동 주택에서 층간 소음 문제가 많이 발생하고 있습니다. 층간 소음을 줄이는 일이 필요합니다.

본론 층간 소음을 줄이기 위한 방법은 다음과 같습니다.

▶ 첫째 ＿＿＿＿＿＿＿＿＿＿＿＿＿＿＿＿＿＿＿＿＿＿＿＿＿＿＿＿＿＿＿＿＿＿＿

▶ 둘째 ＿＿＿＿＿＿＿＿＿＿＿＿＿＿＿＿＿＿＿＿＿＿＿＿＿＿＿＿＿＿＿＿＿＿＿

▶ 셋째 ＿＿＿＿＿＿＿＿＿＿＿＿＿＿＿＿＿＿＿＿＿＿＿＿＿＿＿＿＿＿＿＿＿＿＿

결론 이 세 가지 방법을 통해 문제를 해결할 수 있을 거라 생각합니다.

관련 단원: 초등 도덕 4 | 2. 공손하고 다정하고
초등 국어 4-2 | 3. 바르고 공손하게

온라인 대화의 문제를 줄이는 방법은?

1단계 생각해 볼까요?

요즘은 스마트폰이나 컴퓨터로 대화를 하는 일이 흔해졌어요. 실시간으로 1대 1로 대화를 나누는 카카오톡이 대표적이에요. 또한 SNS(소셜 네트워크 서비스)나 댓글로도 대화하는 일이 매우 늘어났지요.

스마트폰이나 컴퓨터 등으로 대화를 하면 편하고 효율적이라는 좋은 점도 있지만, 불편한 일들도 종종 생길 수 있어요. 직접 얼굴을 보고 대화를 하는 것이 아니다 보니, 의미가 잘못 전달되는 등의 문제가 있지요. 온라인 대화를 할 때 생길 수 있는 문제를 줄일 수 있는 방법에는 무엇이 있을까요?

2단계 관련 지식을 살펴 볼까요?

관련 기사

관련 영상

3단계 해결해야 할 문제는 무엇인가요?

문제를 해결하기 위한 방법을 세 가지 찾아볼까요?

① ....

② ....

③ ....

문제 해결 방법을 논리적으로 정리해 볼까요?

서론 온라인 대화는 좋은 점도 있지만, 의미가 잘못 전달되는 등의 문제가 생기기도 합니다. 온라인 대화의 문제점을 줄여야 합니다.

본론 온라인 대화의 문제점을 줄이기 위한 방법은 다음과 같습니다.

....

....

....

....

....

....

결론 이 세 가지 방법을 통해 문제를 해결할 수 있을 거라 생각합니다.

관련 단원: 초등 국어 4-2 | 9. 자랑스러운 한글
초등 사회 4-1 | 2. 우리가 알아보는 지역의 역사

한글을 바르게 사용하기 위한 방법은?

1단계 생각해 볼까요?

한글은 우리나라 고유의 글자를 이르는 말이에요. 세종대왕은 자신의 생각을 글자로 표현할 수 없었던 백성이 쉽게 글자를 쓰고 읽을 수 있도록 만드셨어요. 한글을 구성하는 자음(ㄱ, ㄴ, ㄷ …)과 모음(ㅏ, ㅑ, ㅓ …)을 조합하면 표현하지 못하는 글자가 없을 정도로 완성도가 우수한 글자랍니다.

안타깝게도 요즘에는 한글을 바르지 못하게 사용하는 경우가 많아요. 우리의 자랑스러운 한글을 아끼고 바르게 사용하려면 어떻게 하면 좋을지 자신의 생각을 써 보세요.

 관련 지식을 살펴 볼까요?

 해결해야 할 문제는 무엇인가요?

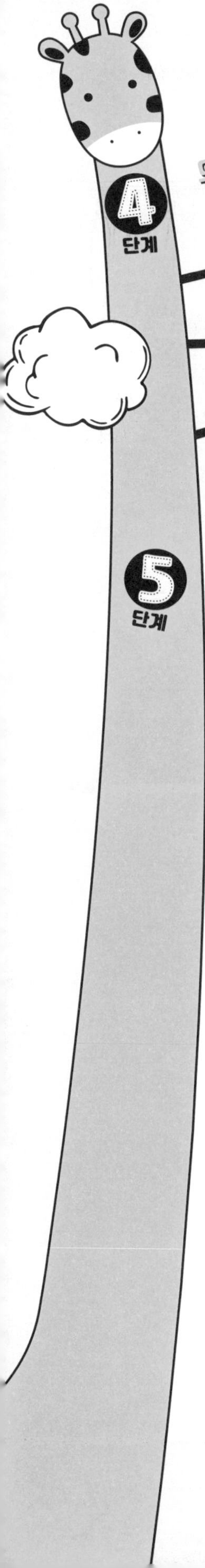

4단계 문제를 해결하기 위한 방법을 세 가지 찾아볼까요?

① _____

② _____

③ _____

5단계 문제 해결 방법을 논리적으로 정리해 볼까요?

서론 한글은 세종대왕께서 만드신 우수한 우리나라의 글자입니다. 자랑스러운 한글을 바르게 사용하는 것이 필요합니다.

본론 한글을 바르게 사용하기 위한 방법은 다음과 같습니다.

첫째 _____

둘째 _____

셋째 _____

결론 이 세 가지 방법을 통해 문제를 해결할 수 있을 거라 생각합니다.

| 관련 | 초등 국어 4-1 | 6. 회의를 해요 |
| 단원 | 초등 도덕 4 | 2. 공손하고 다정하고 |

같은 반 친구끼리 다투지 않는 방법은?

1단계 생각해 볼까요?

우리 반 친구 중에는 조용한 친구도 있고, 활발한 친구도 있어요. 공부를 잘하는 친구도 있고, 노래를 잘 부르거나 운동을 잘하는 친구도 있지요. 저마다 성격도 다르고, 생긴 모습도 다르고, 좋아하는 것과 싫어하는 것도 다 다르답니다.

이렇게 다양한 친구들이 모여서 함께 같은 반에서 생활하다 보면, 여러 가지 이유로 다툴 때가 종종 있어요. 같은 반 친구끼리 다투지 않기 위해 우리 반 친구들끼리 지켜야 할 약속 세 가지를 정하고 자세히 설명해 보세요.

 관련 지식을 살펴 볼까요?

 해결해야 할 문제는 무엇인가요?

4단계 — 문제를 해결하기 위한 방법을 세 가지 찾아볼까요?

1.
2.
3.

5단계 — 문제 해결 방법을 논리적으로 정리해 볼까요?

서론 우리 반에는 다양한 성격의 친구들이 있습니다. 각자 다르다 보니 서로 다투기도 합니다. 친구끼리 다투지 않기 위한 방법이 필요합니다.

본론 같은 반 친구끼리 다투지 않을 방법은 다음과 같습니다.

첫째

둘째

셋째

결론 이 세 가지 방법을 통해 문제를 해결할 수 있을 거라 생각합니다.

관련 단원: 초등 국어 4-2 | 5. 의견이 드러나게 글을 써요
초등 도덕 3 | 5. 함께 지키는 행복한 세상

도서관을 조용히 유지하는 방법은?

1단계 생각해 볼까요?

공공장소란, 여러 사람이 공동으로 이용하는 장소를 말해요. 공공장소에는 공원, 박물관, 병원, 도서관 등이 있어요. 이런 곳은 많은 사람이 함께 이용하는 곳이라 시끄럽게 떠들거나, 쓰레기를 함부로 버리거나, 친구들과 장난치는 행동을 해서는 안 돼요. 다른 사람들에게 피해를 주는 행동이기 때문이에요.

학교 도서관도 공공장소에요. 그런데 도서관에서 시끄럽게 떠들거나 장난치는 친구들이 있어요. 이런 일이 줄어들 수 있는 방법 세 가지를 써 보세요.

2단계 관련 지식을 살펴 볼까요?

3단계 해결해야 할 문제는 무엇인가요?

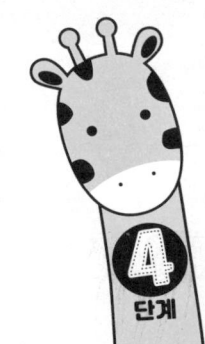

4단계. 문제를 해결하기 위한 방법을 세 가지 찾아볼까요?

1.
2.
3.

5단계. 문제 해결 방법을 논리적으로 정리해 볼까요?

서론 공공장소인 도서관에서 시끄럽게 떠들거나 장난치는 친구들이 있습니다. 이런 일이 줄어들 수 있는 좋은 방법이 필요합니다.

본론 도서관을 조용히 유지하기 위한 방법은 다음과 같습니다.

 첫째

둘째

셋째

결론 이 세 가지 방법을 통해 문제를 해결할 수 있을 거라 생각합니다.

| 관련 | 초등 도덕 4 | 3. 아름다운 사람이 되는 길 |
| 단원 | 초등 국어 3 | 8. 의견이 있어요 |

친구들이 지각하지 않도록 하는 방법은?

1단계 생각해 볼까요?

지각이란, 학교에서 정한 시간보다 늦게 등교하는 것을 말해요. 병원에 다녀온다거나 하는 특별한 이유가 없다면 지각을 해서는 안 되는데요. 지각은 약속을 어기는 것이고, 수업 시간을 지키지 못한 것일 뿐만 아니라 등교 시간을 잘 지켜서 온 다른 친구들에게 피해를 주는 행동이기 때문이에요.

그런데 요즘 습관적으로 지각을 하는 친구들이 늘고 있다고 해요. 밤늦게까지 스마트폰이나 인터넷 게임을 하다가 늦잠을 자서 지각을 하는 경우도 많아요. 이 친구들이 지각하지 않으려면 어떻게 해야 할지 자신의 의견과 까닭을 써 보세요.

2단계 관련 지식을 살펴 볼까요?

 관련 기사

 관련 영상

3단계 해결해야 할 문제는 무엇인가요?

4단계 문제를 해결하기 위한 방법을 세 가지 찾아볼까요?

1.
2.
3.

5단계 문제 해결 방법을 논리적으로 정리해 볼까요?

서론 습관적으로 늦잠을 자고 지각하는 친구들이 있습니다. 이 친구들이 지각하지 않도록 하는 좋은 방법이 필요합니다.

본론 친구들이 지각하지 않기 위한 방법은 다음과 같습니다.

첫째

둘째

셋째

결론 이 세 가지 방법을 통해 문제를 해결할 수 있을 거라 생각합니다.

문제해결형

관련 단원: 초등 사회 3-2 | 3. 가족의 형태와 역할 변화
초등 도덕 3 | 3. 사랑이 가득한 우리 집

가족의 행복을 위해 우리 집에 필요한 규칙은?

1단계 생각해 볼까요?

가족은 결혼이나 혈연으로 관계가 맺어진 사람들을 말해요. 과거에는 할아버지, 아버지, 손자까지 3대가 주로 같이 살았어요. 대가족이라고 불렀지요. 하지만 요즘은 부모와 자녀만 같이 사는 핵가족인 경우가 대부분이에요.

이렇게 여러 사람이 가족으로 같이 살다 보면 아끼고 사랑하는 사이여도 생각과 습관이 달라서 서로 다투는 경우가 생겨요. 이를 예방하기 위해서는 우리 가족만의 규칙을 정하고 실천하면 좋은데요. 여러분의 가족 구성원이 모두 행복하게 지내는 데 필요한 규칙을 생각해 보세요.

2단계 관련 지식을 살펴 볼까요?

 관련 기사

 관련 영상

3단계 해결해야 할 문제는 무엇인가요?

4단계 문제를 해결하기 위한 방법을 세 가지 찾아볼까요?

1.
2.
3.

5단계 문제 해결 방법을 논리적으로 정리해 볼까요?

서론 가족은 서로 사랑하는 사이이지만, 때때로 다투는 경우도 있습니다. 다툼을 줄이기 위해서는 우리 가족만의 규칙을 정하면 좋습니다.

본론 우리 집에 필요한 규칙은 다음과 같습니다.

▶ 첫째

▶ 둘째

▶ 셋째

결론 이 세 가지 방법을 통해 문제를 해결할 수 있을 거라 생각합니다.

소중한 문화재를 보호하기 위한 방법은?

관련 단원 | 초등 국어 4-2 | 8. 생각하며 읽어요
초등 사회 4-1 | 2. 우리가 알아보는 지역의 역사

1단계 생각해 볼까요?

문화재란, 역사적, 문화적으로 귀한 가치를 가진 것을 말해요. 건축물, 책, 그림 등의 유형 문화재가 있고, 음악과 춤 등의 무형 문화재가 있지요.

우리가 사용하는 지폐에도 문화재가 그려져 있어요. 지갑 속에 천 원짜리 지폐가 있다면 한번 꺼내 볼까요? 퇴계 이황의 초상화, 성균관 명륜당, 그리고 겸재 정선의 계상정거도가 그려져 있지요.

이렇게 귀한 문화재가 안타깝게도 화재 등으로 훼손되거나 도난당하는 경우가 있어요. 우리는 소중한 문화재를 잘 관리하고 보호해서 후손에게 잘 물려주어야 해요. 문화재를 잘 관리하고 보호하기 위한 방법 세 가지를 생각해 보세요.

2단계 관련 지식을 살펴 볼까요?

관련 기사

관련 영상

3단계 해결해야 할 문제는 무엇인가요?

4단계 문제를 해결하기 위한 방법을 세 가지 찾아볼까요?

1.
2.
3.

5단계 문제 해결 방법을 논리적으로 정리해 볼까요?

서론 문화재는 역사적, 문화적으로 귀한 가치를 가지고 있어서 아주 소중합니다. 우리는 우리나라의 소중한 문화재를 잘 보호해야 합니다.

본론 소중한 우리 문화재를 보호하기 위한 방법은 다음과 같습니다.

 첫째

 둘째

 셋째

결론 이 세 가지 방법을 통해 문제를 해결할 수 있을 거라 생각합니다.

관련 단원 | 초등 과학 3-1 | 5. 지구의 모습
초등 국어 4-2 | 5. 의견이 드러나게 글을 써요

공기를 깨끗하게 지키기 위한 방법은?

1단계 생각해 볼까요?

공기는 우리 인간에게는 없어서는 안 될 존재예요. 공기가 있으니까 우리가 숨을 쉬며 살 수 있는 거니까요. 공기가 없다면, 우리는 5분도 버티기 힘들지요.

그런데 미세먼지, 공장 매연, 자동차 배기가스 등으로 인해 공기가 오염되고 날이 갈수록 맑은 하늘을 보기가 점점 힘들어지고 있어요.

이렇게 공기가 오염되면 오염될수록 지구의 기온은 높아진답니다. 그리고 이것은 기상 이변을 가져와 가뭄, 태풍, 홍수 피해를 일으킬 수 있어요. 공기를 깨끗하게 지키기 위해서 우리가 할 수 있는 일이 무엇인지 생각해 보세요.

2단계 관련 지식을 살펴볼까요?

3단계 해결해야 할 문제는 무엇인가요?

4단계 - 문제를 해결하기 위한 방법을 세 가지 찾아볼까요?

1.
2.
3.

5단계 - 문제 해결 방법을 논리적으로 정리해 볼까요?

서론 공기는 인간에게 꼭 필요합니다. 이런 공기가 공장 매연 등으로 오염되고 있습니다. 공기를 깨끗하게 지키기 위한 방법을 찾아야 합니다.

본론 공기를 깨끗하게 지키기 위한 방법은 다음과 같습니다.

첫째

둘째

셋째

결론 이 세 가지 방법을 통해 문제를 해결할 수 있을 거라 생각합니다.

문제해결형

관련 단원: 초등 국어 3-2 | 6. 마음을 담아 글을 써요
초등 도덕 3 | 1. 나와 너, 우리 함께

욕설 사용을 줄이기 위한 방법은?

1단계 생각해 볼까요?

교실에서 친구들과 함께 생활하다 보면 즐거울 때도 많지만, 속상할 때도 많아요. 특히 친한 친구끼리 이야기하다가 욕설이 나올 때가 있는데, 막상 욕설을 들으면 기분이 나빠져요. 친구끼리 그럴 수도 있다고 생각하며 사과하지 않고 넘어가는 친구도 있어서 더욱 기분이 나빠지기도 한답니다.

욕설을 주고받다가 결국 크게 다투는 일도 생기는 걸 보면, 욕설은 없어져야 할 안 좋은 버릇이라는 생각이 들어요. 친구끼리 쉽게 건네는 욕설을 줄일 수 있는 좋은 방법이 있을까요?

 관련 지식을 살펴 볼까요?

 해결해야 할 문제는 무엇인가요?

4단계 문제를 해결하기 위한 방법을 세 가지 찾아볼까요?

1.
2.
3.

5단계 문제 해결 방법을 논리적으로 정리해 볼까요?

서론 친구끼리 욕설을 주고받는 경우에는 기분이 나빠집니다. 친구끼리 쉽게 주고받는 욕설을 줄여야 합니다.

본론 욕설 사용을 줄이기 위한 방법은 다음과 같습니다.

첫째

둘째

셋째

결론 이 세 가지 방법을 통해 문제를 해결할 수 있을 거라 생각합니다.

관련 초등 도덕 3 | 2. 인내하며 최선을 다하는 생활
단원 초등 국어 4-1 | 8. 이런 제안 어때요

모범이 되는 친구에게 어울리는 보상은?

1단계 생각해 볼까요?

여러분의 반에는 다양한 재능을 가진 친구들이 많이 있을 거예요. 어떤 친구는 공부를 열심히 해서 모범이 되는 친구도 있고, 어떤 친구는 친구들이 소외되지 않도록 도와주는 친구도 있어요. 또 다른 친구들이 하기 싫은 일을 도맡아 하는 친구도 있지요. 이렇게 자신이 잘하는 것으로 다른 친구들을 돕거나 즐겁게 해 주는 친구들이 있어요.

이렇게 다른 친구들에게 모범이 되는 친구에게는 어떤 보상을 해 주면 좋을까요? 여러분의 반에서 모범이 되는 친구를 떠올려 보고, 이 친구에게 어울리는 보상을 세 가지 생각해 보세요.

 관련 지식을 살펴 볼까요?

 해결해야 할 문제는 무엇인가요?

4단계 문제를 해결하기 위한 방법을 세 가지 찾아볼까요?

1.
2.
3.

5단계 문제 해결 방법을 논리적으로 정리해 볼까요?

서론 우리 반에는 모범이 되는 친구들이 있습니다. 이런 친구들에게 어울리는 세 가지 보상을 해 주고 싶습니다.

본론 모범이 되는 친구에게 어울리는 보상은 다음과 같습니다.

 첫째

 둘째

 셋째

결론 이 세 가지 방법을 통해 문제를 해결할 수 있을 거라 생각합니다.

| 관련 | 초등 사회 3-1 | 3. 지역의 공공 기관과 주민 참여 |
| 단원 | 초등 국어 4-1 | 2. 생각과 느낌을 나누어요 |

학급의 의견을 하나로 모으기 위한 방법은?

1단계 생각해 볼까요?

학급에서 친구들과 함께 생활하다 보면 친구들끼리의 서로 다른 의견을 하나로 모아야 할 때가 있어요. 급식 순서나 학급 행사를 결정할 때가 대표적인 경우이지요. 이럴 때 의견을 하나로 모으지 못하면 서로 기분이 나빠지거나 너무 오랜 시간이 걸리기도 해요.

여러분의 교실에서는 어떤 방법으로 서로 다른 의견을 하나로 모으고 있나요? 이렇게 서로 다른 의견을 하나로 모으는 방법은 다양하겠지만 그중에서도 합리적이라고 생각하는 방법을 세 가지만 골라볼까요?

 관련 지식을 살펴 볼까요?

 해결해야 할 문제는 무엇인가요?

4단계 문제를 해결하기 위한 방법을 세 가지 찾아볼까요?

1.
2.
3.

5단계 문제 해결 방법을 논리적으로 정리해 볼까요?

서론 반 친구들의 의견이 서로 달라 의견을 하나로 모으는 것에 어려움을 겪는 경우가 있습니다. 의견을 하나로 모을 방법이 필요합니다.

본론 이렇게 다른 의견을 하나로 모으는 방법은 다음과 같습니다.

첫째

둘째

셋째

결론 이 세 가지 방법을 통해 문제를 해결할 수 있을 거라 생각합니다.

문제해결형

관련 단원: 초등 도덕 4 | 6. 함께 꿈꾸는 무지개 세상
초등 사회 4-2 | 3. 사회 변화와 문화의 다양성

42. 다문화 친구들이 우리 반에 잘 적응할 방법은?

1단계 생각해 볼까요?

다문화 가정이란, 서로 다른 나라의 사람이 만나 결혼한 부부와 그 자녀로 구성된 가정을 말해요. 아빠가 영국 사람이고 엄마가 한국 사람이거나, 아빠가 한국 사람이고 엄마는 필리핀 사람인 가정을 다문화 가정이라고 불러요.

다문화 가정에서 태어난 친구들은 문화적인 차이와 우리말 습득 문제로 반 분위기에 적응하는데 어려움을 많이 겪는 편이에요. 우리말을 잘하지 못하다 보니 친구들과 말이 잘 통하지 않아 소외되고 학습도 부진하기 쉽지요. 이 친구들이 반에 잘 적응하기 위한 방법에는 무엇이 있을까요?

2단계 관련 지식을 살펴 볼까요?

 관련 기사

 관련 영상

3단계 해결해야 할 문제는 무엇인가요?

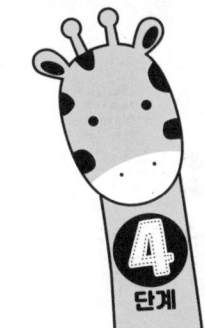

4단계 문제를 해결하기 위한 방법을 세 가지 찾아볼까요?

① ……………………………………………………………………………………

② ……………………………………………………………………………………

③ ……………………………………………………………………………………

5단계 문제 해결 방법을 논리적으로 정리해 볼까요?

서론 다문화 가정 친구들은 다른 문화와 언어 습득의 문제로 반에 잘 적응하지 못하는 경우가 많습니다. 친구들이 잘 적응할 방법이 필요합니다.

본론 다문화 친구들이 우리 반에 잘 적응하기 위한 방법은 다음과 같습니다.

첫째 …………………………………………………………………………………

………………………………………………………………………………………

둘째 …………………………………………………………………………………

………………………………………………………………………………………

셋째 …………………………………………………………………………………

………………………………………………………………………………………

결론 이 세 가지 방법을 통해 문제를 해결할 수 있을 거라 생각합니다.

관련 단원: 초등 국어 4-1 | 4. 일에 대한 의견
초등 사회 4-1 | 3. 지역의 공공 기관과 주민 참여

점심시간 음식물 쓰레기를 줄이기 위한 방법은?

1단계 생각해 볼까요?

학교에서의 점심시간은 여러분이 가장 기다리는 시간이지요? 매일매일 메뉴가 바뀌니, 오늘은 어떤 음식이 나올까 기다려지지요. 그런데 맛과 영양을 모두 고려하여 식단을 짜다 보니 때로는 친구들이 싫어하는 반찬이 나올 때도 있고, 먹는 양도 매일매일 다를 수 있어요.

결국 점심시간이 끝나고 보면, 음식 쓰레기의 양이 상당히 많다는 사실을 깨닫게 된답니다. 매일 점심시간마다 나오는 음식 쓰레기를 줄이기 위해서 여러분의 반에 어떤 규칙이 있으면 좋을까요? 우리 반에서 실천할 수 있는 점심시간 규칙 세 가지를 떠올려 보세요.

2단계 관련 지식을 살펴 볼까요?

관련 기사

관련 영상

3단계 해결해야 할 문제는 무엇인가요?

4단계 문제를 해결하기 위한 방법을 세 가지 찾아볼까요?

① ....

② ....

③ ....

5단계 문제 해결 방법을 논리적으로 정리해 볼까요?

서론) 매일 학급 점심시간마다 나오는 음식 쓰레기의 양은 상당히 많습니다. 음식 쓰레기를 줄이기 위해서는 점심시간 규칙이 필요합니다.

본론) 점심시간 음식물 쓰레기를 줄이기 위한 방법은 다음과 같습니다.

 첫째

 둘째

 셋째

결론) 이 세 가지 방법을 통해 문제를 해결할 수 있을 거라 생각합니다.

문제해결형 44

점심시간에 급식 순서를 정하는 방법은?

관련 단원
- 초등 국어 4-1 | 6. 회의를 해요
- 초등 도덕 3 | 5. 함께 지키는 행복한 세상

1단계 생각해 볼까요?

매일 기다려지는 점심시간이지만, 특히 누구나 좋아하는 메뉴가 나오는 날에는 급식 순서가 빠른 친구들이 부러워져요. 자율배식을 하는 학교라면, 간혹 맛있는 반찬이 빨리 소진되어 다른 대체 반찬을 먹어야 하는 친구들이 발생하기도 하는데요. 이런 경우 친구끼리 다툼이 생기는 일도 있어요. 그래서 다툼이 생기지 않도록 급식을 받는 순서를 공정하게 잘 정하는 것이 중요해요.

만일 점심시간에 급식을 받는 순서를 내 마음대로 정할 수 있다면, 어떤 방법으로 정하면 좋을지 생각해 보세요.

관련 지식을 살펴 볼까요?

해결해야 할 문제는 무엇인가요?

문제를 해결하기 위한 방법을 세 가지 찾아볼까요?

4단계

1.
2.
3.

문제 해결 방법을 논리적으로 정리해 볼까요?

5단계

서론 만약 공정하게 점심시간 급식을 받는 순서를 내가 정할 수 있다면 어떻게 정할지 좋은 방법이 필요합니다.

본론 점심시간에 급식 순서를 정하는 방법은 다음과 같습니다.

첫째

둘째

셋째

결론 이 세 가지 방법을 통해 문제를 해결할 수 있을 거라 생각합니다.

우리 반에서 일회용품 사용을 줄일 방법은?

관련 단원 | 초등 국어 4-1 | 4. 일에 대한 의견
초등 사회 4-1 | 3. 지역의 공공 기관과 주민 참여

1단계 생각해 볼까요?

일회용품은 한 번만 쓰고 버리도록 만든 생활용품을 말해요. 빨대, 일회용 컵, 비닐 봉투, 도시락 용기 등 정말 다양하지요. 일회용품은 편리하지만, 그만큼 엄청난 쓰레기와 환경 오염을 발생시키는 원인이 되기도 해요. 따라서 생활이 조금 불편하더라도 일회용품 사용을 줄여야 하지요.

일회용품 사용을 줄이는 것은 우리 반에서부터 시작할 수 있어요. 교실에서 사용하고 있는 일회용품은 무엇이 있는지 생각해 보세요. 그리고 일회용품 사용을 줄이기 위해 실천할 수 있는 일들은 어떤 것이 있는지 세 가지를 골라 구체적으로 적어 보세요.

2단계 관련 지식을 살펴 볼까요?

관련 기사

관련 영상

3단계 해결해야 할 문제는 무엇인가요?

 문제를 해결하기 위한 방법을 세 가지 찾아볼까요?

① ....

② ....

③ ....

문제 해결 방법을 논리적으로 정리해 볼까요?

(서론) 엄청난 쓰레기와 환경 오염을 일으키는 일회용품의 사용을 줄여야 합니다. 이를 위해 우리 반에서부터 실천할 수 있는 좋은 방법이 필요합니다.

(본론) 우리 반에서 일회용품 사용을 줄일 방법은 다음과 같습니다.

....
....

....
....

....
....

(결론) 이 세 가지 방법을 통해 문제를 해결할 수 있을 거라 생각합니다.

관련 초등 사회 4-2 | 2. 필요한 것의 생산과 교환
단원 초등 도덕 3 | 4. 아껴 쓰는 우리

용돈을 바르게 잘 쓰는 방법은?

1단계 생각해 볼까요?

'세 살 버릇이 여든까지 간다.'는 말이 있어요. 어릴 때 좋은 습관을 들이는 것이 중요하다는 것을 알 수 있는 말이지요.

용돈을 사용하는 습관도 어릴 때부터 바르게 들여야 해요. 갖고 싶은 물건은 많지만, 용돈은 늘 정해져 있으니까요. 사고 싶은 것을 모두 살 수는 없어요. 어떻게 하면 용돈을 바르게 사용할 수 있을까요? 여러분이 생각하는 용돈을 바르게 잘 쓰는 방법 세 가지를 써 보세요.

 관련 지식을 살펴 볼까요?

 관련 기사    관련 영상

 해결해야 할 문제는 무엇인가요?

4단계 문제를 해결하기 위한 방법을 세 가지 찾아볼까요?

1. _____
2. _____
3. _____

5단계 문제 해결 방법을 논리적으로 정리해 볼까요?

서론 가지고 싶은 물건은 많지만 용돈은 늘 정해져 있어 사고 싶은 것을 다 살 수는 없습니다. 용돈을 바르게 쓰는 방법을 아는 것은 중요합니다.

본론 용돈을 바르게 잘 쓰는 방법은 다음과 같습니다.

첫째
_____
_____

둘째
_____
_____

셋째
_____
_____

결론 이 세 가지 방법을 통해 문제를 해결할 수 있을 거라 생각합니다.

관련 │ 초등 사회 4-2 | 3. 사회 변화와 문화 다양성
단원 │ 초등 국어 4-2 | 5. 의견이 드러나게 글을 써요

스마트폰에 중독되지 않는 방법은?

1단계 생각해 볼까요?

나도 모르게 스마트폰에 중독되어버려 도저히 빠져나오기 힘들다는 호소를 하는 친구들이 점점 많아지고 있어요. 사실, 어른 중에서도 스마트폰에 중독되어있는 사람들이 점점 많아지고 있고요. 이러한 스마트폰 중독은 몸과 마음의 건강에 모두 해롭답니다. 그래서 중독되지 않도록 조심해야 해요.

스마트폰에 중독되지 않을 수 있는 일상의 좋은 습관을 찾아 볼까요? 교실에서, 학원에서, 가정에서 실천할 수 있을 만한 스마트폰 중독을 막아줄 방법을 생각해 보기로 해요.

 관련 지식을 살펴 볼까요?

 관련 기사

 관련 영상

 해결해야 할 문제는 무엇인가요?

문제를 해결하기 위한 방법을 세 가지 찾아볼까요?

4단계

1. ....
2. ....
3. ....

5단계

문제 해결 방법을 논리적으로 정리해 볼까요?

서론 나도 모르게 스마트폰에 중독되는 사람이 많아지고 있어요. 이러한 중독을 막을 방법을 찾아 실천에 옮겨야 합니다.

본론 스마트폰 중독을 막을 수 있는 방법은 다음과 같습니다.

첫째
....
....

둘째
....
....

셋째
....
....

결론 이 세 가지 방법을 통해 문제를 해결할 수 있을 거라 생각합니다.

관련 단원: 초등 체육 3-1 | 1. 건강
초등 도덕 3-1 | 2. 인내하며 최선을 다하는 생활

건강을 지키기 위해 실천할 방법은?

1단계 생각해 볼까요?

"건강을 잃으면 모든 것을 잃는 것이다."라는 말을 들어본 적이 있나요? 맞아요. 우리가 이렇게 열심히 글쓰기를 하고, 학교에 다니고, 친구들과 즐겁게 놀 수 있는 건 모두 우리가 건강하기 때문이랍니다. 건강은 건강할 때 지켜야 하는 건데요. 우리가 일상 생활을 통해 건강을 유지할 수 있는 좋은 방법에 관해 생각해 보기로 해요.

일상에서 어떤 생활 습관을 지니고 있다면 지금처럼 건강한 몸과 마음을 유지할 수 있을까요?

 관련 지식을 살펴 볼까요?

 관련 기사

 관련 영상

 해결해야 할 문제는 무엇인가요?

4단계 문제를 해결하기 위한 방법을 세 가지 찾아볼까요?

1. ....

2. ....

3. ....

5단계 문제 해결 방법을 논리적으로 정리해 볼까요?

서론 최근 초등학생의 건강에 문제가 있다는 통계가 있습니다. 초등학생이 건강을 잘 지키기 위해서는 어떤 습관이 필요할까요?

본론 초등학생의 건강을 지키기 위한 좋은 습관은 다음과 같습니다.

첫째

....

....

둘째

....

....

셋째

....

....

결론 이 세 가지 방법을 통해 문제를 해결할 수 있을 거라 생각합니다.

관련 단원: 초등 사회 4-2 | 2. 필요한 것의 생산과 교환
초등 도덕 3 | 4. 아껴 쓰는 우리

우리 반에서 분실물을 줄일 방법은?

1단계 생각해 볼까요?

주인이 잃어버린 물건을 '분실물'이라고 부르는데요. 소중한 물건일수록 잃어버리면 속상하고 빨리 찾고 싶은 마음이 들어요. 사람들은 주로 길거리를 걸어가거나 대중교통을 이용하다가 물건을 잃어버리는 경우가 많아요. 그래서 지하철역 등에는 분실물을 모아 주인이 찾으러 올 때까지 보관해주는 분실물센터가 있어요.

학교 교실에도 주인을 잃어버리고 돌아다니는 분실물이 정말 많은데요. 우리 반에서 생기는 분실물을 줄일 수 있는 방법에는 무엇이 있을까요?

2단계  관련 지식을 살펴 볼까요?

관련 기사

관련 영상

3단계  해결해야 할 문제는 무엇인가요?

문제를 해결하기 위한 방법을 세 가지 찾아볼까요?

1.
2.
3.

문제 해결 방법을 논리적으로 정리해 볼까요?

(서론) 우리 반에는 주인을 잃어버린 분실물이 많습니다. 분실물을 줄일 수 있는 좋은 방법이 필요합니다.

(본론) 우리 반에서 분실물을 줄일 방법은 다음과 같습니다.

(결론) 이 세 가지 방법을 통해 문제를 해결할 수 있을 거라 생각합니다.

관련 단원: 초등 국어 4-1 | 6. 회의를 해요
초등 도덕 3 | 5. 함께 지키는 행복한 세상

현장학습 가는 버스에서 자리 정하는 방법은?

1단계 생각해 볼까요?

현장학습을 가는 날은 누구나 기다리는 즐거운 날이에요. 그렇기에 현장학습으로 향하는 버스 안에서 누구와 짝이 되어 앉게 될지에 모두의 관심이 집중되는데요. 같은 반 친구라도 좀 더 친한 친구와 짝이 되고 싶은 마음은 누구나 모두 똑같을 거예요.

그렇다면 반 친구들과 다 같이 버스를 타고 현장학습을 가는 날에 버스에서 앉을 자리는 어떻게 정하는 게 좋을까요? 모든 친구가 즐거운 현장학습 날을 보낼 수 있도록 버스에서 앉을 자리를 정하는 세 가지 방법을 생각해 보세요.

2단계  관련 지식을 살펴 볼까요?

관련 기사   관련 영상

3단계  해결해야 할 문제는 무엇인가요?

4단계 문제를 해결하기 위한 방법을 세 가지 찾아볼까요?

1.
2.
3.

5단계 문제 해결 방법을 논리적으로 정리해 볼까요?

서론 모든 친구가 즐거운 현장학습 날을 보낼 수 있도록 버스에서 앉을 자리를 잘 정하는 것은 중요한 문제입니다.

본론 현장학습 버스 자리를 정하는 방법은 다음과 같습니다.

▸ 첫째

▸ 둘째

▸ 셋째

결론 이 세 가지 방법을 통해 문제를 해결할 수 있을 거라 생각합니다.

이은경쌤의 초등 글쓰기 완성 시리즈

교과서논술
기본

1판 1쇄 펴냄 | 2022년 12월 15일
1판 4쇄 펴냄 | 2025년 1월 20일

지 은 이 | 이은경
발 행 인 | 김병준 · 고세규
발 행 처 | 상상아카데미

등　 록 | 2010. 3. 11. 제313-2010-77호
주　 소 | 서울시 마포구 독막로 6길 11(합정동), 우대빌딩 2, 3층
전　 화 | 02-6953-8343(편집), 02-6925-4188(영업)
팩　 스 | 02-6925-4182
전자우편 | main@sangsangaca.com
홈페이지 | http://sangsangaca.com

ISBN 979-11-85402-68-0 (74800)

· KC마크는 이 제품이 공통안전기준에 적합하였음을 뜻합니다.
· 잘못 만들어진 책은 구입하신 서점에서 교환해 드립니다.

이은경쌤의 초등 글쓰기 완성 시리즈 활용법

도서	주제	이런 친구에게 추천해요	권장 학년
세줄쓰기	하루 세 줄로 글쓰기 시작!	• 글쓰기를 해 본 적 없어서 낯설고 어려운 친구 • 글쓰기 슬럼프에 빠져 아무것도 쓰고 싶지 않은 친구	전학년
전래동화 바꿔쓰기	전래동화 명장면을 새롭게 바꿔 쓰기	• 어떤 재미난 책을 읽어도 내용이 잘 기억나지 않는 친구 • 나만의 이야기를 쓰고 싶은데 막상 엄두가 안 나는 친구	1~3
주제 일기쓰기	질문에 답하면서 오늘 일기 완성!	• 일기 쓸 때마다 뭘 써야 할지 생각나지 않는 친구 • 부모님 도움 없이 혼자서도 일기를 써 보고 싶은 친구	3~5
표현 글쓰기	의성어, 의태어로 멋진 문장 쓰기	• 매일 비슷비슷한 문장만 쓰느라 글쓰기가 지겨워진 친구 • 글 잘 쓴다는 칭찬을 받고 우쭐해지고 싶은 친구	1~3
자유글쓰기	자유롭게 마음껏 긴 글 쓰기	• 자유롭게 마음껏 상상하는 것을 좋아하는 친구 • 한 장 꽉 채워 쓰기에 도전해 보고 싶은 친구	3~5
생각글쓰기	내 생각과 이유를 정리해서 쓰기	• 〈세줄쓰기〉, 〈자유글쓰기〉를 써 보면서 자신감이 붙은 친구 • 논술에 도전해 보고 싶지만 아직은 자신이 없는 친구	5~중1
기본 책읽고쓰기	읽은 내용을 짧게 정리하기	• 책 읽는 건 좋아하지만 독서록은 아직 안 써 본 친구 • 독서록을 써 봤지만 힘들어서 다시는 안 쓰고 싶은 친구	1~3
심화 책읽고쓰기	읽은 내용을 글로 정리하기	• 독서록 숙제를 해 봤는데, 정말 겨우겨우 써서 낸 친구 • 책을 읽고 나서 내 생각을 정리해 보고 싶은 친구	3~5
왜냐하면 글쓰기	질문에 답하면서 선택과 이유 쓰기	• '왜'라는 질문에 늘 '그냥'이라고 대답했던 친구 • 논리가 무엇인지, 논술이 무엇인지 어렵기만 한 친구	1~3
기본 교과서논술	주장과 까닭을 쓰며 논술 맛보기	• 〈왜냐하면 글쓰기〉, 〈생각글쓰기〉를 써 본 친구 • 논술을 써 본 적은 없지만 시도해 보고 싶은 친구	3~5
심화 교과서논술	진짜 논술 실력 다지기	• 기본 〈교과서논술〉, 〈논술 쓰기〉를 써 본 친구 • 중학교 입학을 앞두고 탄탄한 논술 실력을 다지고 싶은 친구	5~중1
논술 쓰기	개요를 작성하며 주장하는 글 쓰기	• 글쓰기 경험은 많지만 논술은 써 본 적 없는 친구 • 다른 학원에 가느라 논술 학원을 다닐 시간이 없는 친구	3~5
기본 주제 요약하기	글의 핵심을 찾아 쓰기	• 기본 〈책읽고쓰기〉, 〈자유글쓰기〉를 써 본 친구 • 재미있게 글을 읽었는데도 요약해서 설명하기 어려운 친구	3~5
심화 주제 요약하기	비문학 글에서 주제 찾아 쓰기	• 심화 〈책읽고쓰기〉, 〈자유글쓰기〉를 써 본 친구 • 신문 기사를 읽고 어떤 내용인지 잘 이해가 안 가는 친구	5~중1
수행평가 글쓰기	과목별•유형별로 수행평가 대비	• 심화 〈주제 요약하기〉, 기본 〈교과서논술〉을 써 본 친구 • 보고서 쓰기가 어려운 친구	5~중1

* 영어도 대비하고 싶다면? 영어 한줄쓰기 ▶ 영어 세줄쓰기 ▶ 영어 일기쓰기